JN061275

# 紙による造形

つくろうとするものが
思い浮かばない、
どうすればいいのか

佐藤　昌彦

学術研究出版

# はじめに

つくろうとするものが思い浮かばない。こうした理由で自信をなくしている子供たちは少なくありません。ではどうすればいいのでしょうか。

医学において難病を克服するための新薬や効果的な治療法が研究されてきたように、教育学においても教育現場の切実な問題を解決するための考え方や具体的な方法に関する検討が必要です。本書の創造モデルと創造モデルに基づく造形教材はそうした検討を踏まえて示したものです。

本書は、教育の現場で子供の前に立つ指導者の皆さん、そしてこれから子供の前に立とうとして勉学に励む学生や院生の皆さんのために書きました。もし「私もつくろうとするものが思い浮かばずに困ったことがあります」という方々がおられましたら、ぜひ読んでいただきたいと願っています。

「授業の準備で何が大切ですか」と問われれば、「子供がつくるものと同じものを指導者も事前につくってみることです（教材の試作）」と答えます。本書の教材のなかからどれか一つでも結構ですので、ご自分で試しにつくってみてください。「つくろうとするものが思い浮かばない、どうすればいいのか」という問いに答えるための糸口をきっと見つけていただけるものと思います。

# 目 次

＊創造モデルや創造モデルに基づく教材の開発に関する研究は、JSPS科研費課題番号23653280の助成を受けたものです（研究課題名：少ない材料で多様な発想を引き出すことができる工作教材の開発）。この場を借りて厚く御礼を申し上げます。

# 1 多様な発想を生み出す創造モデル

つくろうとするものが思い浮かばない、どうすればいいのでしょうか。

その問いに答えるための考え方を以下に示しました。子供から大人まで、誰もが活用できるように、できるだけ端的に表現しました。

つくろうとするものが思い浮かんだときにはそれを形にします。
つくろうとするものが思い浮かばないときには、とりあえず（または、思い切って）、一つの形をつくって目の前に置きます。
そして目の前の形をじっと見て次どうするかを考えます。
この繰り返しでつくろうとするものの形を明確にしていきます。

言い換えれば、つくろうとするものが思い浮かんだときには、「発想から形へ」という方向で、つくろうとするものが思い浮かばないときには、逆に「形から発想へ」という方向で考えます。双方向共存の考え方です。頭の中で考えても思い浮かばないのであれば、目の前の形から考えてみるのです。

「とりあえず」（または、思い切って）は、多様な発想を生み出すためのキーワードです。その詳細は本書の五つの教材のなかで具体的に述べました。「形」という言葉は、「色」、「質」、「動き」、「音」などの言葉と入れ替えることができます。「形から発想へ」とは、形はもちろんのこと、色・質・動き・音など、目の前にあるものの様子（状況）から発想するという意味です。

上記のことを図に表すと次のページのようになります。

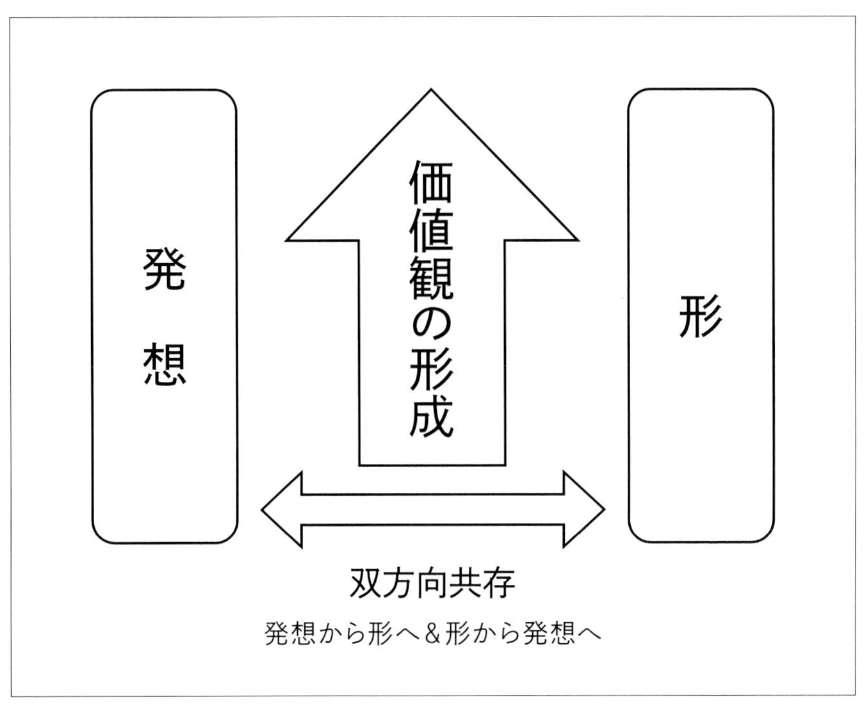


創造モデル

上の図では「価値観の形成」を中心軸に書き加えました。複数のアイデアが思い浮かんだときに、どれを選ぶのかという最終的な判断は自分自身の価値観に基づくからです。また、価値観はものをつくることだけにかかわるのではありません。人間形成の基軸でもあるからです。日々の暮らしの中での様々な選択から人生を左右するほどの大事な場面での選択まで、すべての判断の拠り所は「何をよしとするのか」という自分自身の価値観になります。

では、具体的にはどうすればいいのでしょうか。
本書には上記の創造モデルに基づく五つの教材を掲載しました。

# 2 見たこともないような顔（一枚の紙で）

## 材料・用具

- 紙（B5、A4 または A5 など）
- はさみ
- セロハンテープ

まず、一枚の紙を目の前に置いてください。
大きさはB5やA4（またはA5）程度で結構です。
この紙一枚で「見たこともないような顔」をつくります。
たとえば、以下のような顔です。
六つの作品例を次のページ以降に示しました。

一つ目の作品例です。

二つ目の作品例です。

三つ目の作品例です。

四つ目の作品例です。

五つ目の作品例です。

六つ目の作品例です。

以上、六つの作品例を示しました。

これらは「お手本」ではありません。

同じものをつくる。それがねらいではないからです。

一枚の紙で多様な顔をつくりだす。それがねらいです。六つの作品例はそのための「参考作品」となります。

では一人一人がこれまでに見たこともないような顔をつくりだすためにはどうすればいいのでしょうか。次にそのプロセス（創造のプロセス）を掲載しました。

横に折る

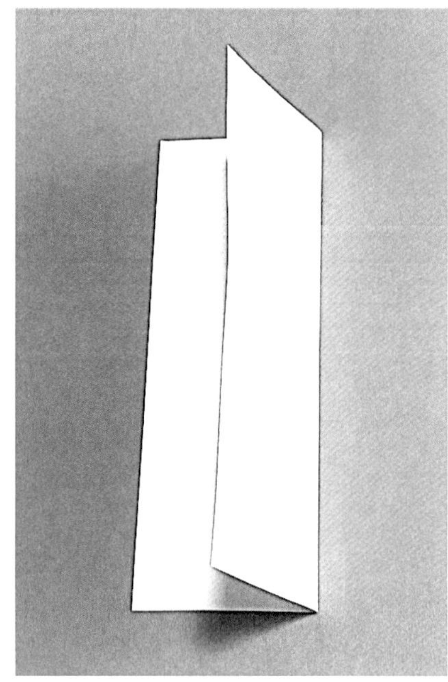

縦に折る

目の前にある紙を半分に折ります。

縦に折る、横に折る、どちらでも結構です。

折り目にはさみを当てます。顔の輪郭を切り取るためです。
はさみで切る技術の基本は「根元で切る」ということです。
はさみの先で切ると切った跡がギザギザになりがちです。

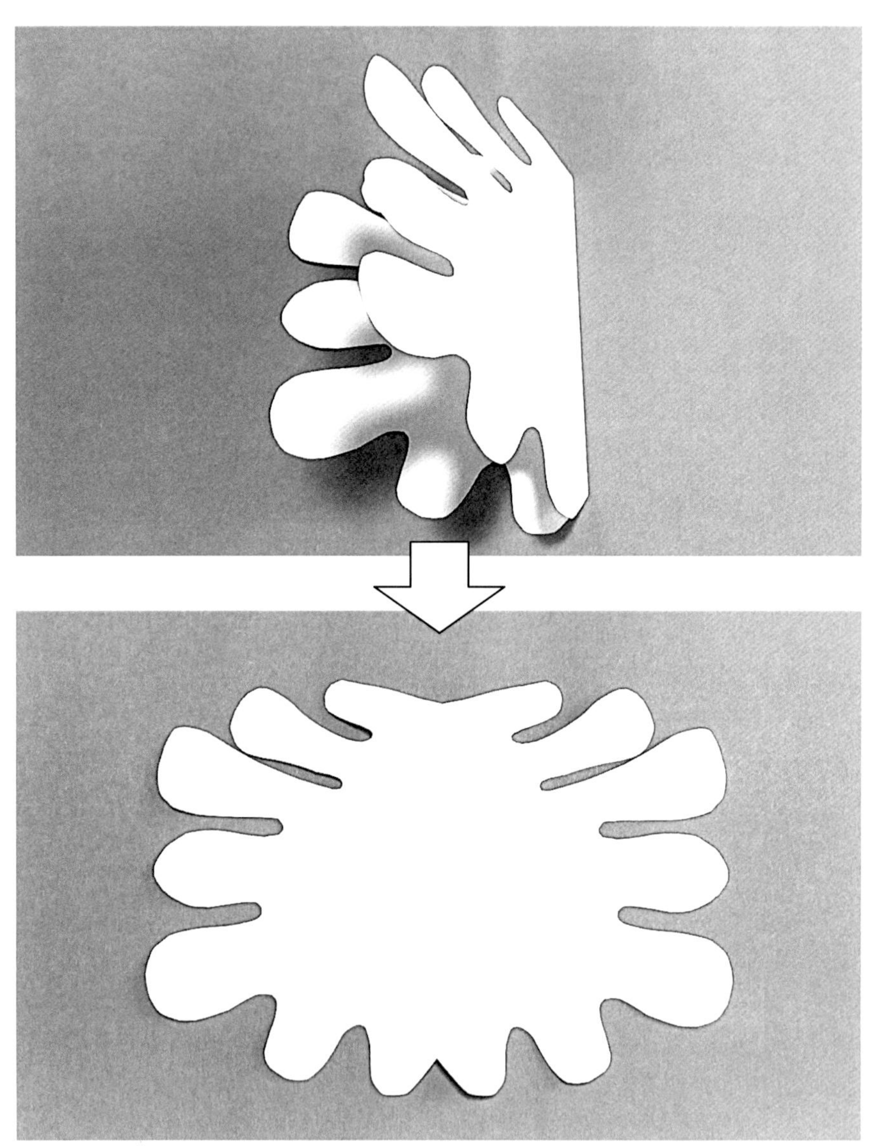

参考作品を見てつくろうとする形が思い浮かんだときにはその形になるように切り取ります。思い浮かばないときには、とりあえず、または、思い切って、「このように切ってみれば、顔の輪郭に見えるだろう」という程度でいいですから、切り取ってみます。そして目の前に開いて置きます。

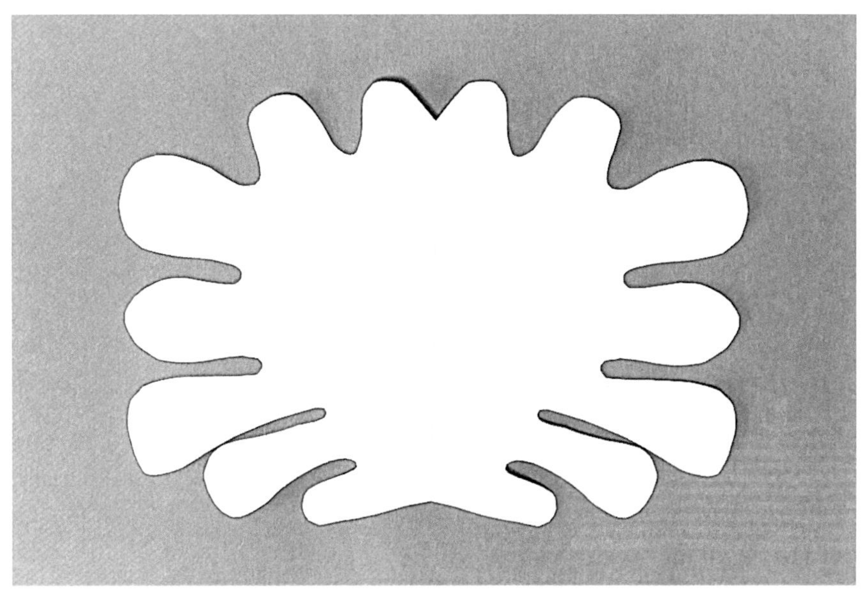

上下を逆にしてみます。
どちらを上にしてつくっていくのかを決めます。
途中で逆にしても構いません。

顔の上下が決まったら、制作の条件を確認します。
どのような形になっても顔に見えやすいように原則として次の二つは最低限つくることとします。

○目
○口

＊口を切り取らなくても顔に見える場合もあります。その際には切り取らなくても結構です。

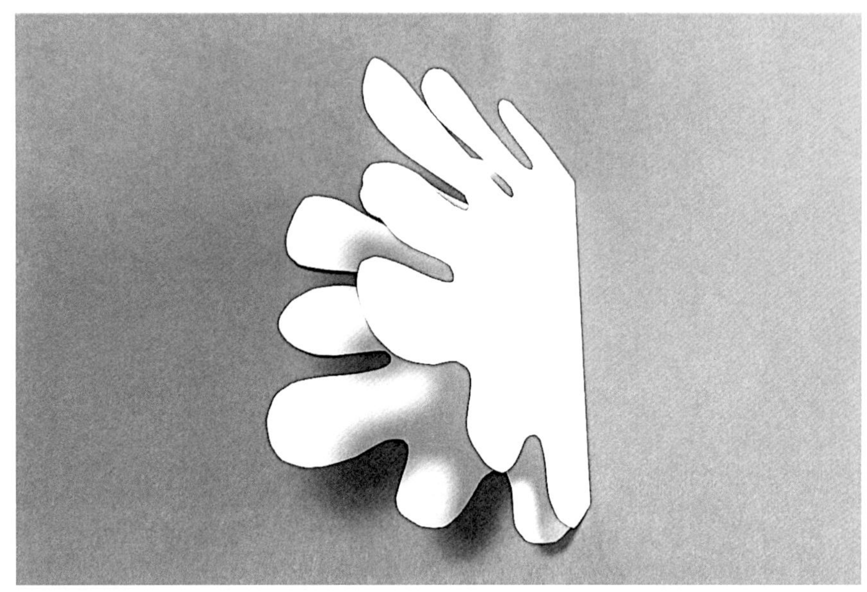

顔の土台となる形ができましたので、先ほどの条件を踏まえて、目・口・鼻などをつくっていきます。

目の前の形をじっと見ます。

つくろうとするものの形が思い浮かんだときには、その形を切り取ります。

思い浮かばないときには、条件の一つである目を切り取ります。

はさみで切り取る際には、再度、半分に折りたたみます（以後同じです）。

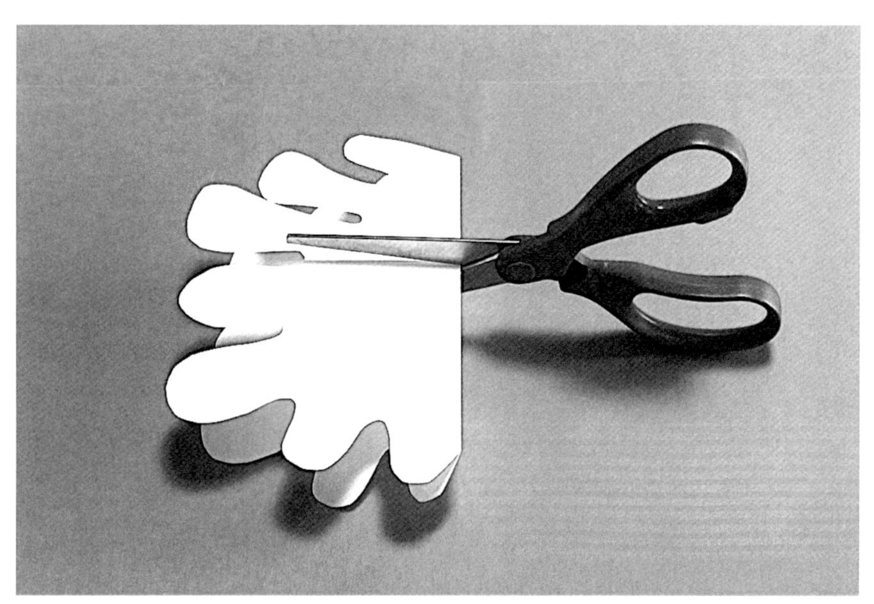

目の形が思い浮かんだときは、その形を切り取ります。思い浮かばないときには、とりあえず、目に見えるような形を切り取ってみます。

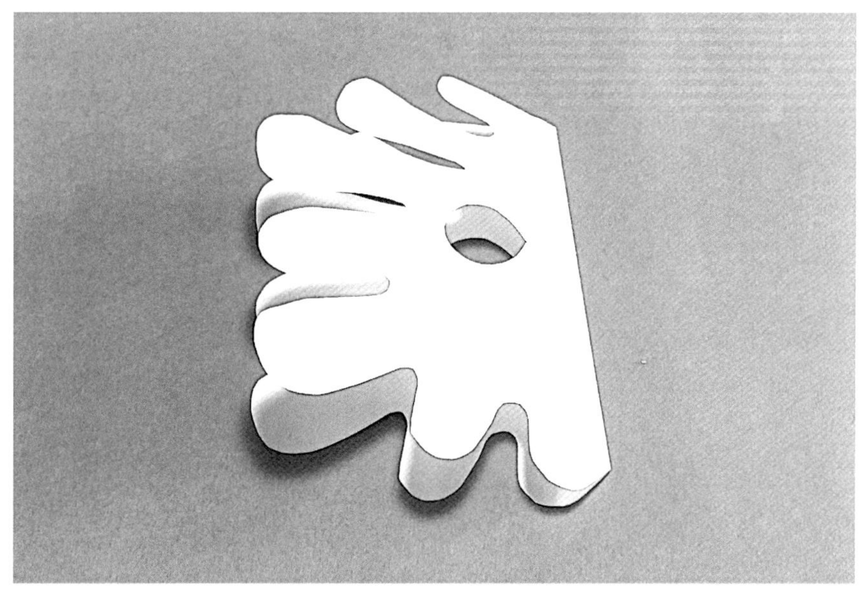

折り目からはさみで切っていきます。

折り目から折り目にはさみが戻ってくると、目と目がつながるような形になります。

はさみで切る際に、折り目からスタートして折り目の手前で終われば、目と目を離すことができます。

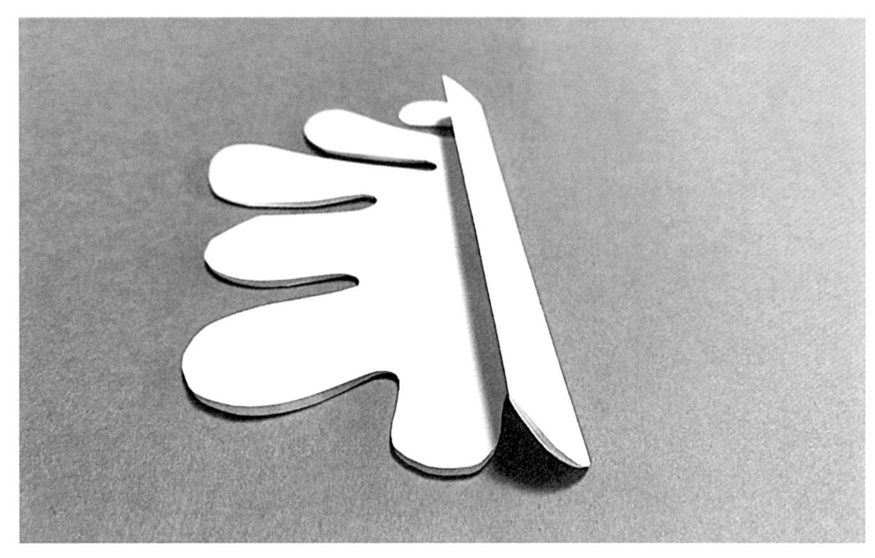

どこにでも折り目を追加することができます。

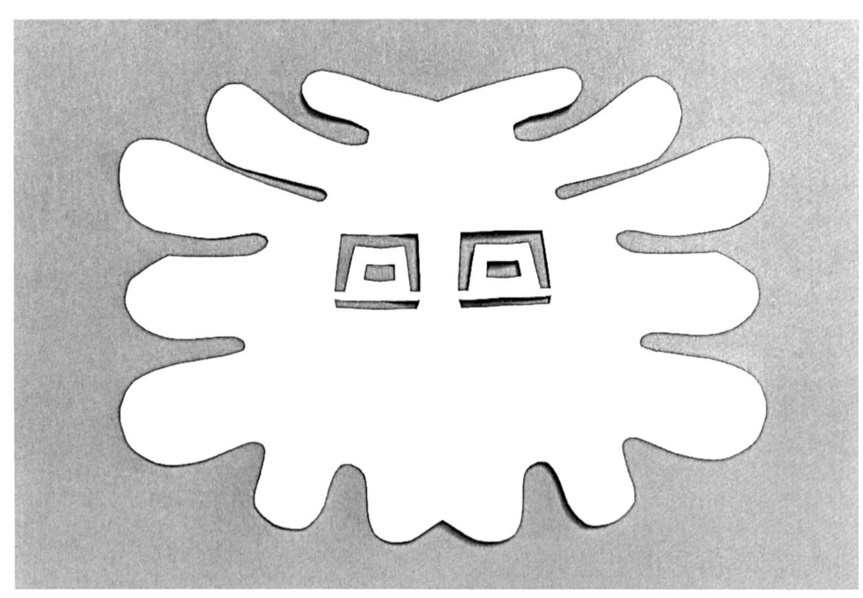

折り目を追加して切り取れば、上のような目にもなります。

目の前のかたちをじっと見ます。次どうするかを考えるのです。

鼻や飾りなど、つくろうとする形が思い浮かんだときにはそれをつくります。思い浮かばないときには、もう一つの条件である口をつくります。

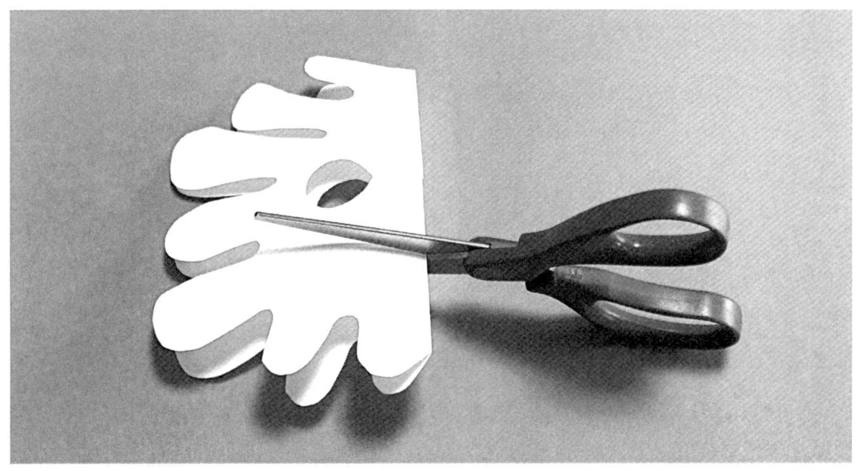

半分に折りたたんで切り取ります。

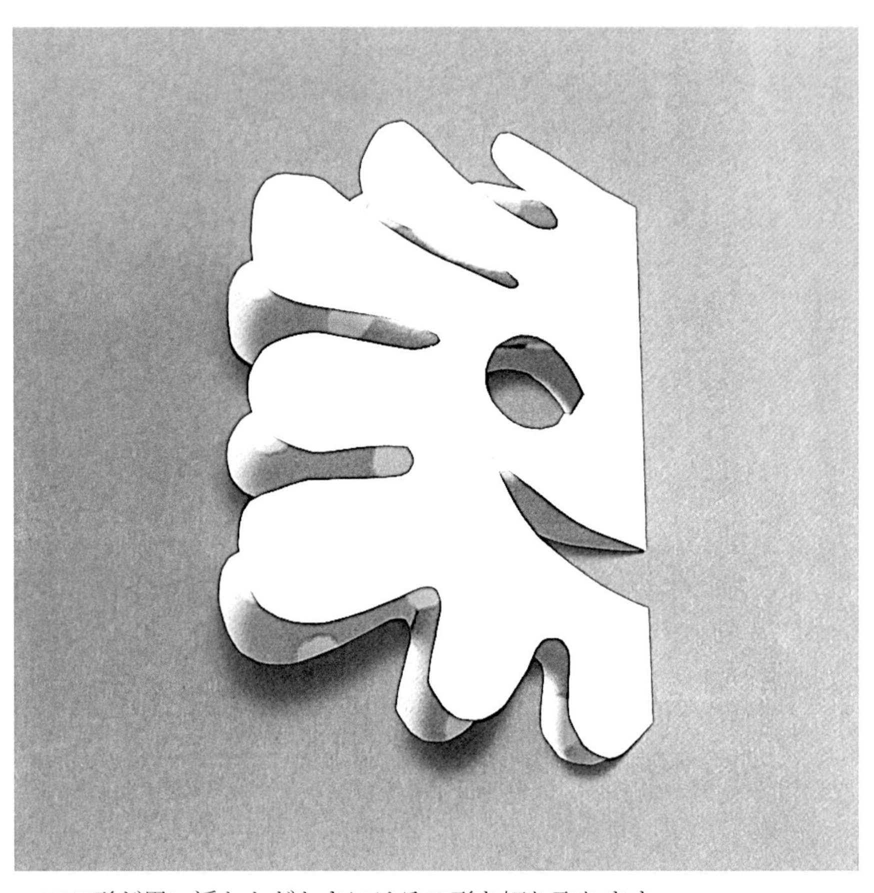

口の形が思い浮かんだときにはその形を切り取ります。

口の形が思い浮かばないときには、とりあえず、口に見えるような形を切り取ってみます。

開きます。

じっと見ます。

目の前の形をじっと見て次にどうするかを考えます。

目や口以外を切り取るのです。たとえば、鼻、眉毛、飾りなどというものです。切り取る際には半分に折って折り目などから切り取ります。

何も思い浮かばないときには、とりあえず、折り重ねてひとつの形を切り取ってみます。折り目を新たに追加して切り取ることもできます。

また、顔の輪郭からはさみをスタートさせて切り取ることもできます。

ここでは鼻を切り取りました。

鼻を切り取った後に、折りたたんだ紙を開いて、じっと見ます。

じっと見て、つくろうとするものが思い浮かんだときには、また折りたたんでその形を切り取ります。つくろうとするものが思い浮かばないときには、とりあえず、一つの形を切り取ってみます。そして紙を開いて目の前に置きます。

目の前の形をじっと見て次どうするのかを考えます。この繰り返しでつくろうとするものの形を明確にしていきます。

つくろうとするものの形が思い浮かんだときにはその形を切り取ります。

思い浮かばないときには、とりあえず、一つの形を切り取ります。

そしてその形を見て次どうするかを考えます。

表側

つくろうとするものが思い浮かんだときには、「発想から形へ」という方向で、思い浮かばないときには、逆に「形から発想へ」という方向で考えます。

双方向共存です。

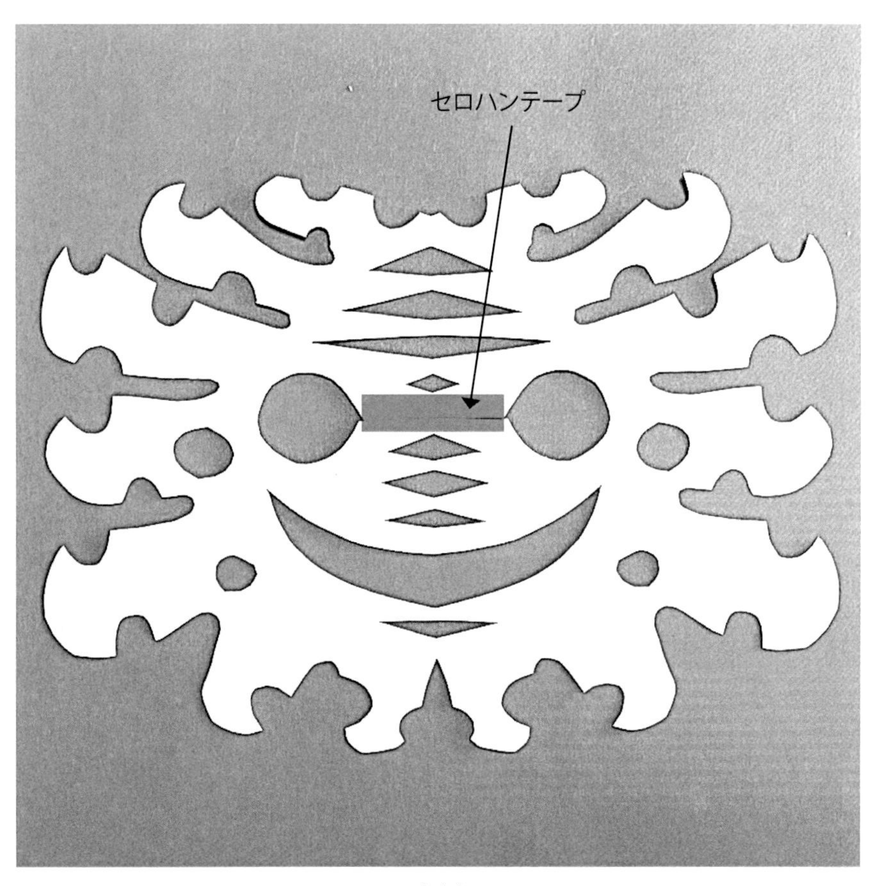


裏側

【補強】目と目の間（はさみで切った跡）にセロハンテープを貼ります。

裏側から貼ります。

セロハンテープを貼ると丈夫になります。

その他の場所で補強したいところにはセロハンテープを裏側から貼ります。

## ギャラリー

## ギャラリー

作品／厚生労働大臣指定保育士養成施設こども學舎の皆さん（北海道札幌市）
免許更新講習参加の皆さん（北海道札幌市）

# 3 組み合わせてつくる顔（二枚の紙で）

## 材料・用具

- 色画用紙（黒）
- はさみ
- スティックのり
- セロハンテープ

画用紙の黒を二枚準備します。大きさは、八つ切りの 1/2 程度です。
二枚の黒い画用紙で見たこともないような顔をつくります。
四つの参考作品を次に示しました。

一つ目の作品例です。

二つ目の作品例です。

三つ目の作品例です。

四つ目の作品例です。

以上、四つの作品例を示しました。
では、二枚の紙で見たこともないような顔をつくってみましょう。

まず、一枚の紙を半分に折ります。
縦に折る、横に折る、どちらでも結構です。

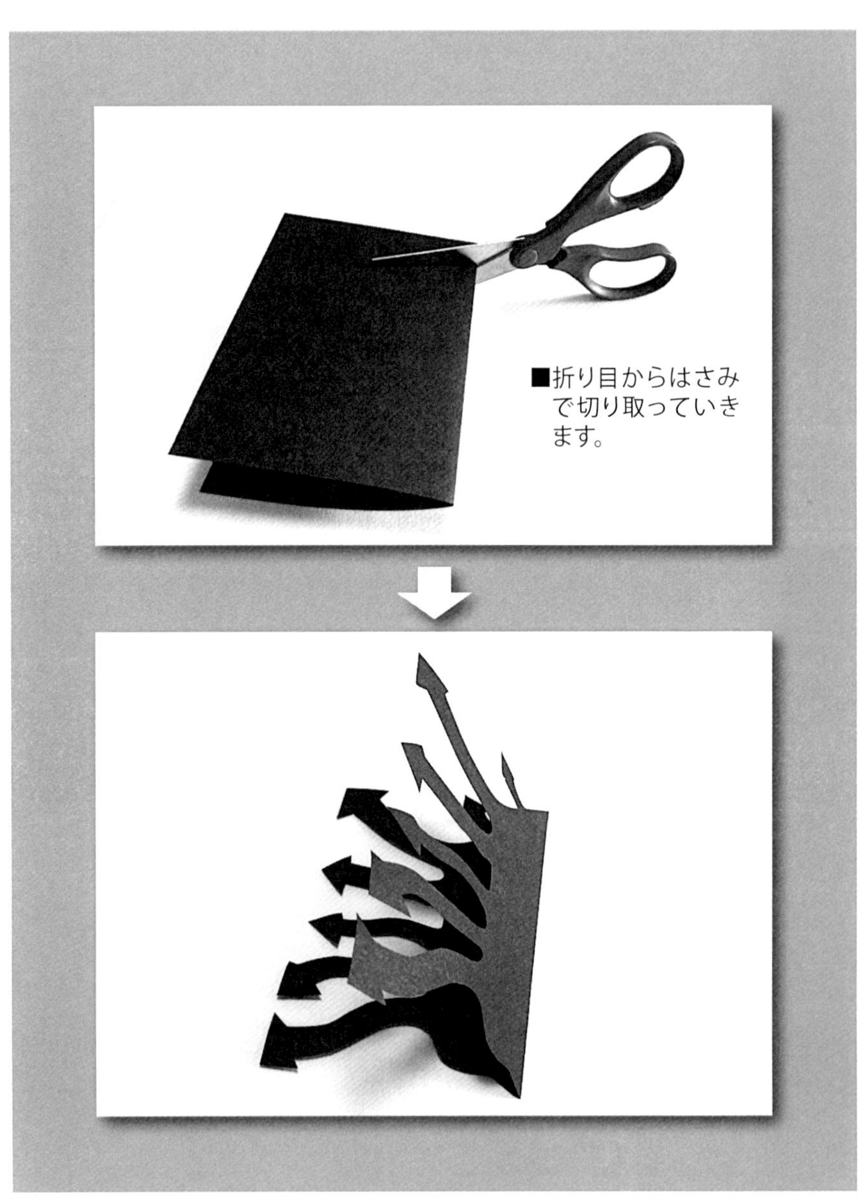


顔の輪郭をはさみで切り取ります。つくろうとする顔が思い浮かんだときにはその形を切り取ります。思い浮かばないときには、とりあえず、輪郭を切り取ってみます。

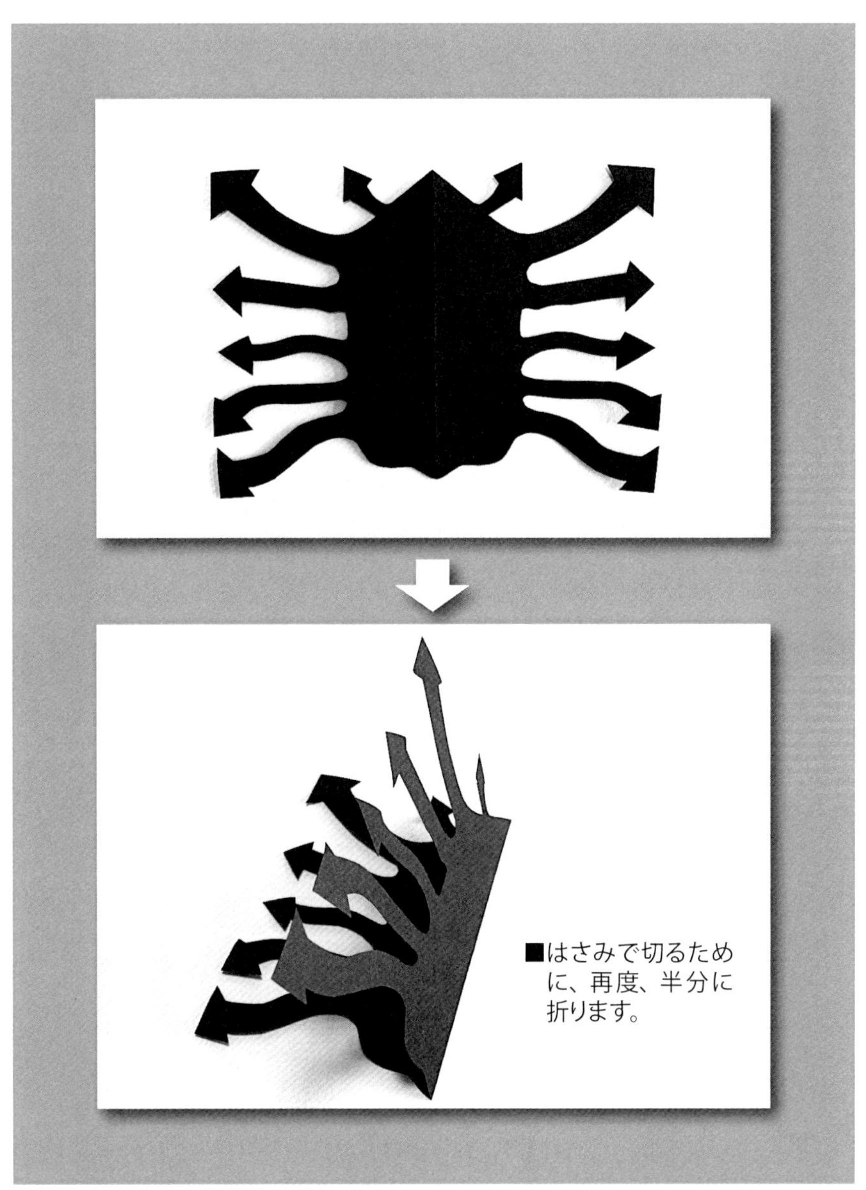


開いて目の前に置きます。制作の条件は「目と口は最低限切り取る」とします。じっと見ます。次どうするかを考えます。思い浮かんだときには、その形を切り取ります。思い浮かばないときには、条件の一つである目を切り取ります。

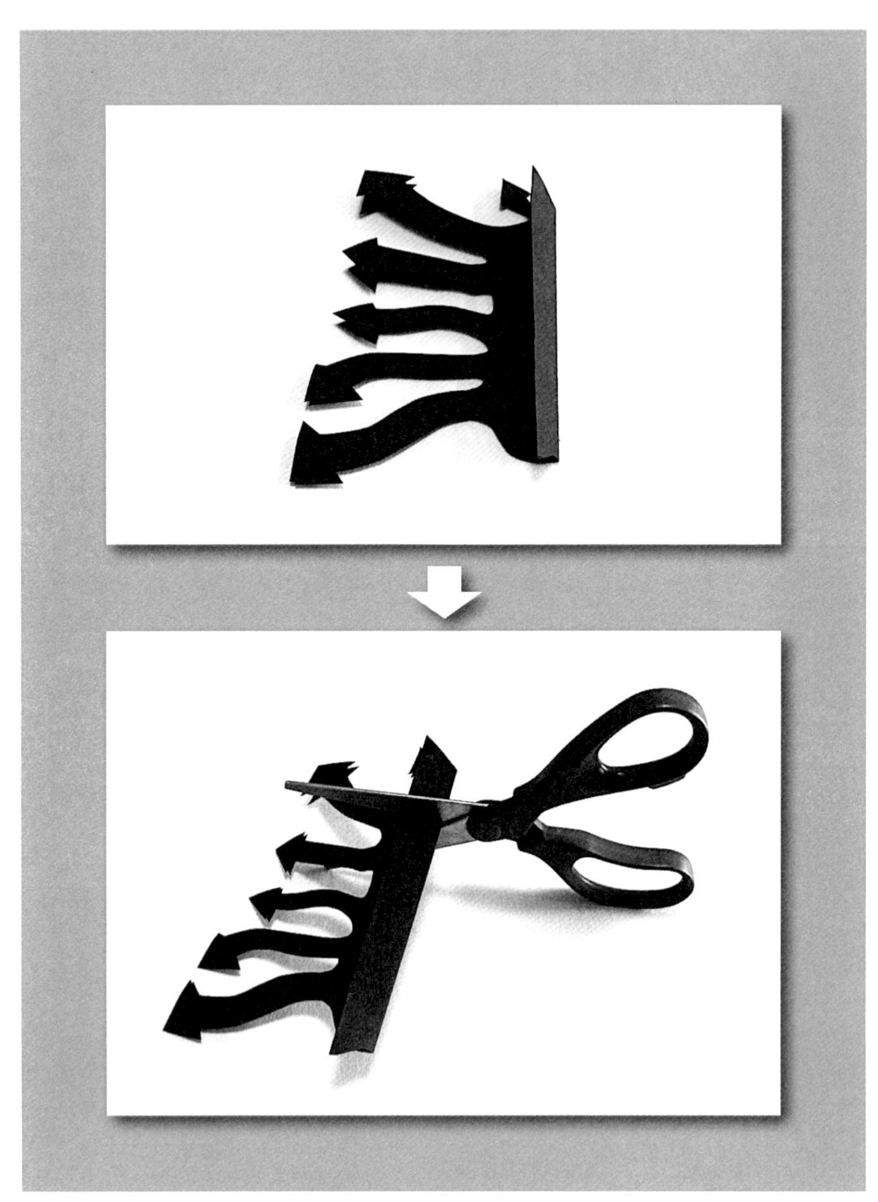

目を切り取るために、折り目を増やしました。
新たな折り目からはさみで切り取ります。

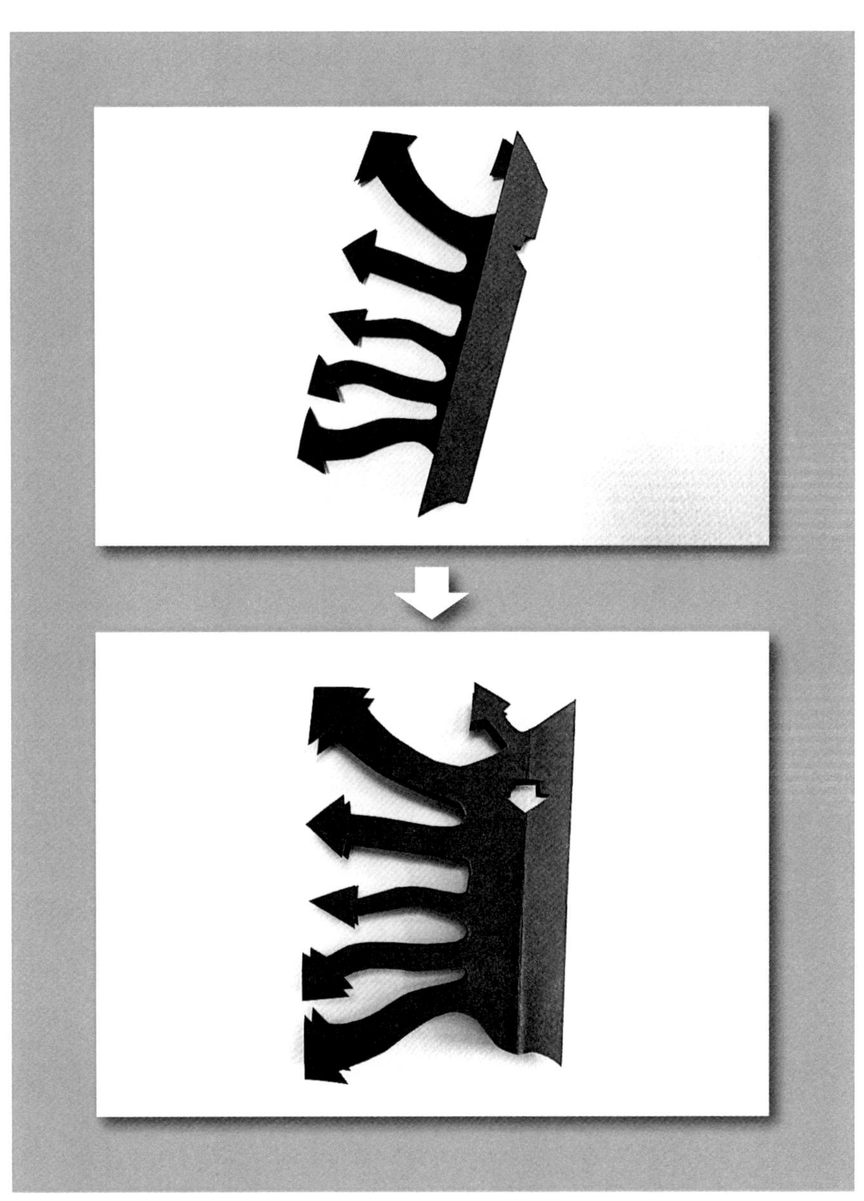

目を切り取りました。

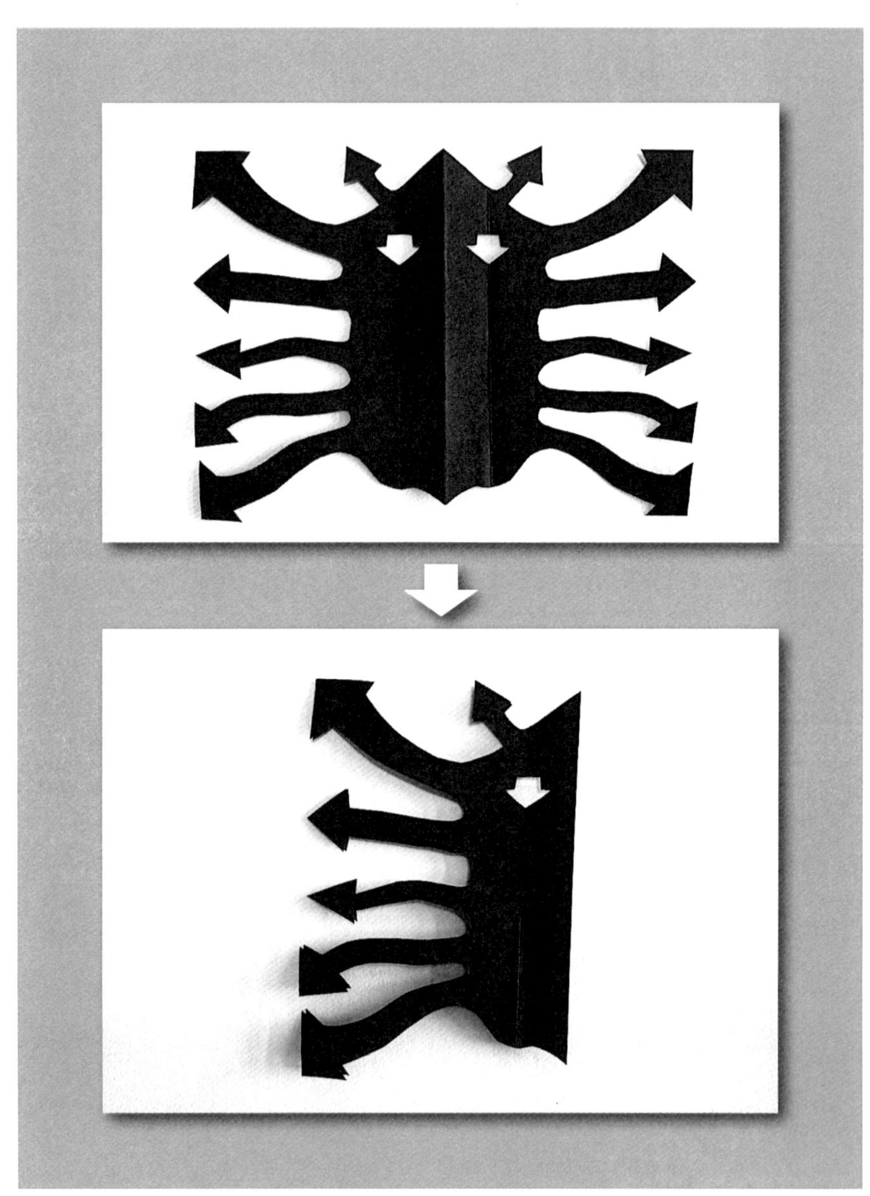

開きます。じっと見ます。次どうするかを考えます。思い浮かんだときにはその形を切り取ります。思い浮かばないときにはもう一つの条件である口を切り取ります

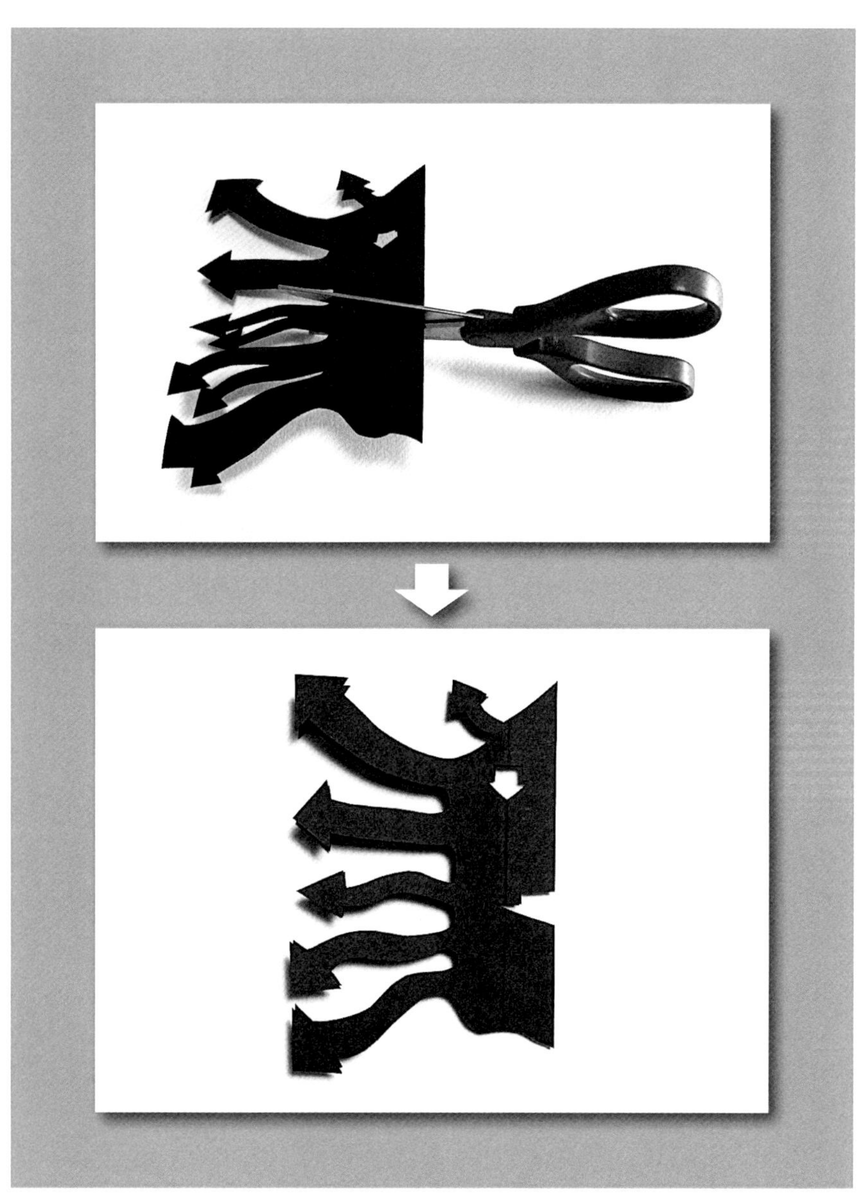

口を切り取りました。

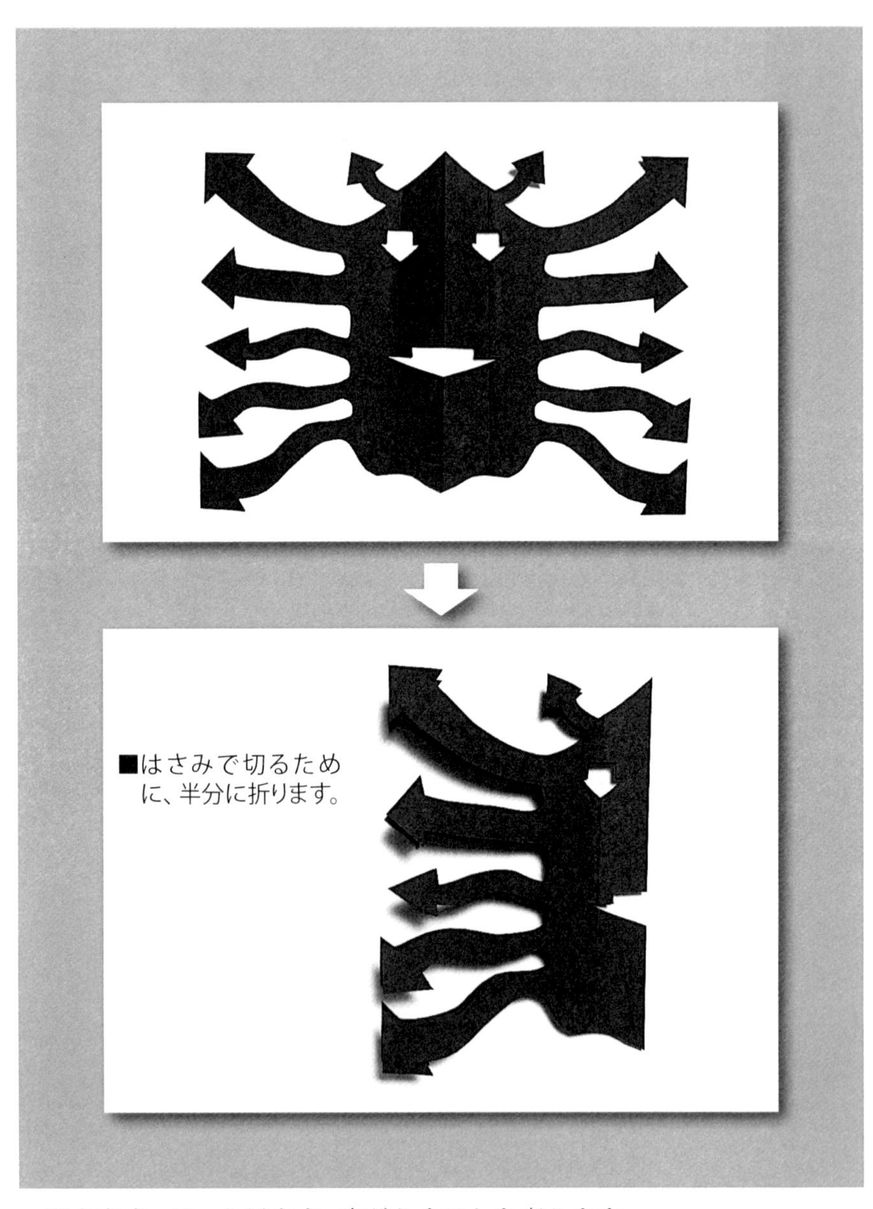


開きます。じっと見ます。次どうするかを考えます。

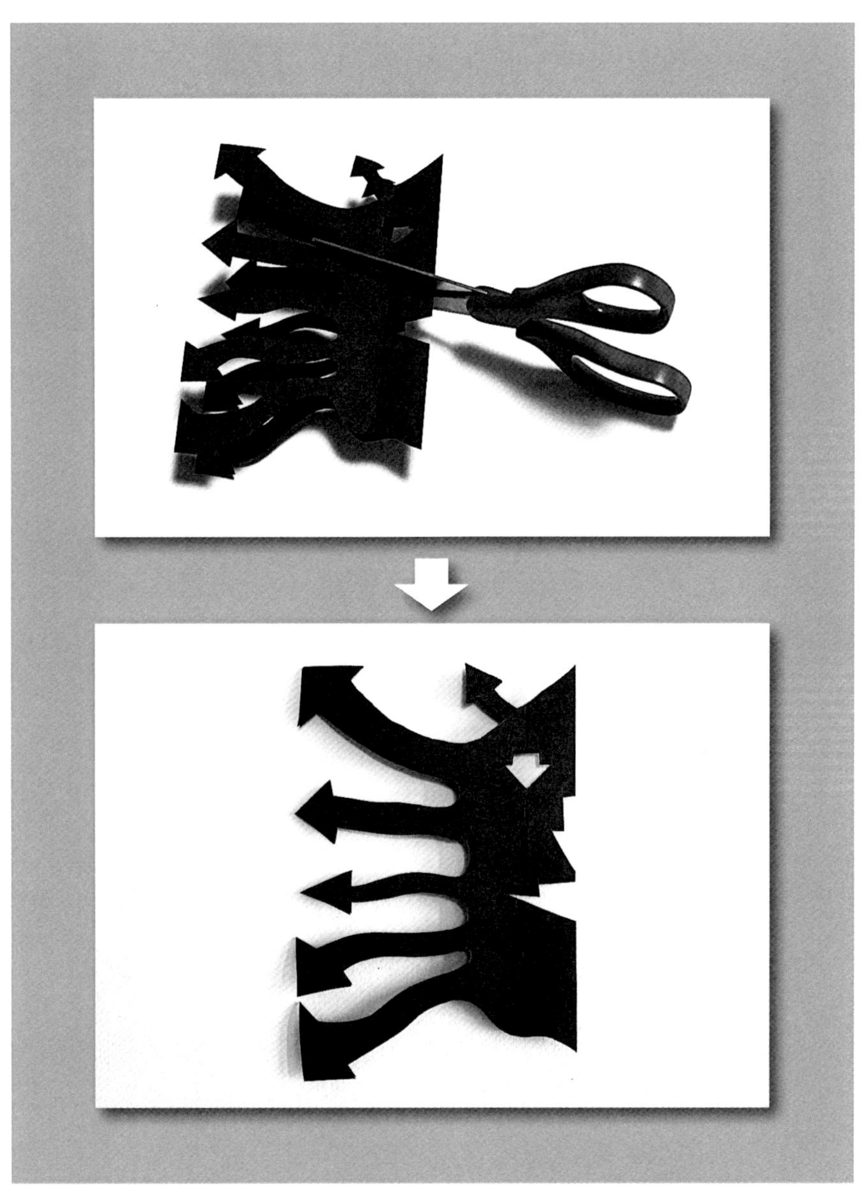

ここでは鼻の形が思い浮かんだのでそれを切り取りました。

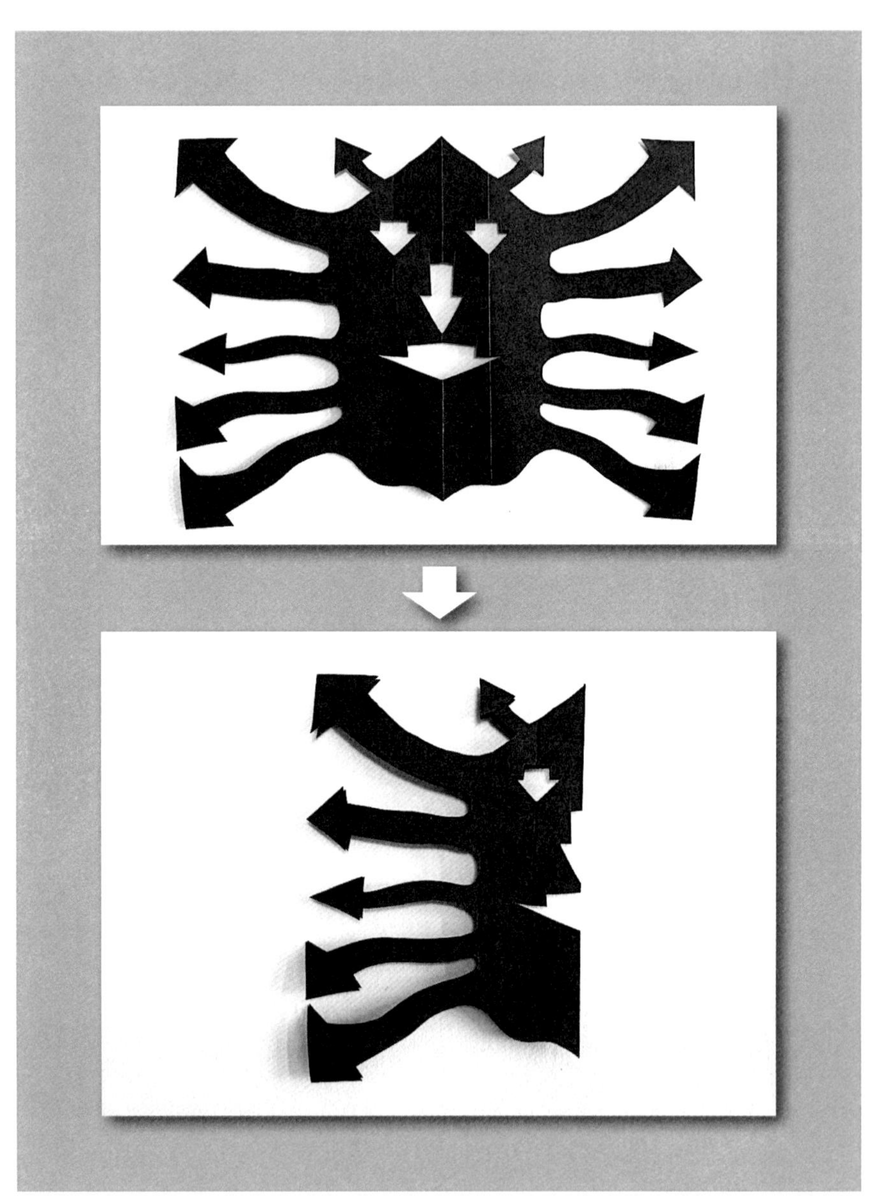

開きます。じっと見ます。つくろうとするものが思い浮かんだときにはその形を切り取ります。思い浮かばないときには、とりあえず、一つの形を切り取ってみます。

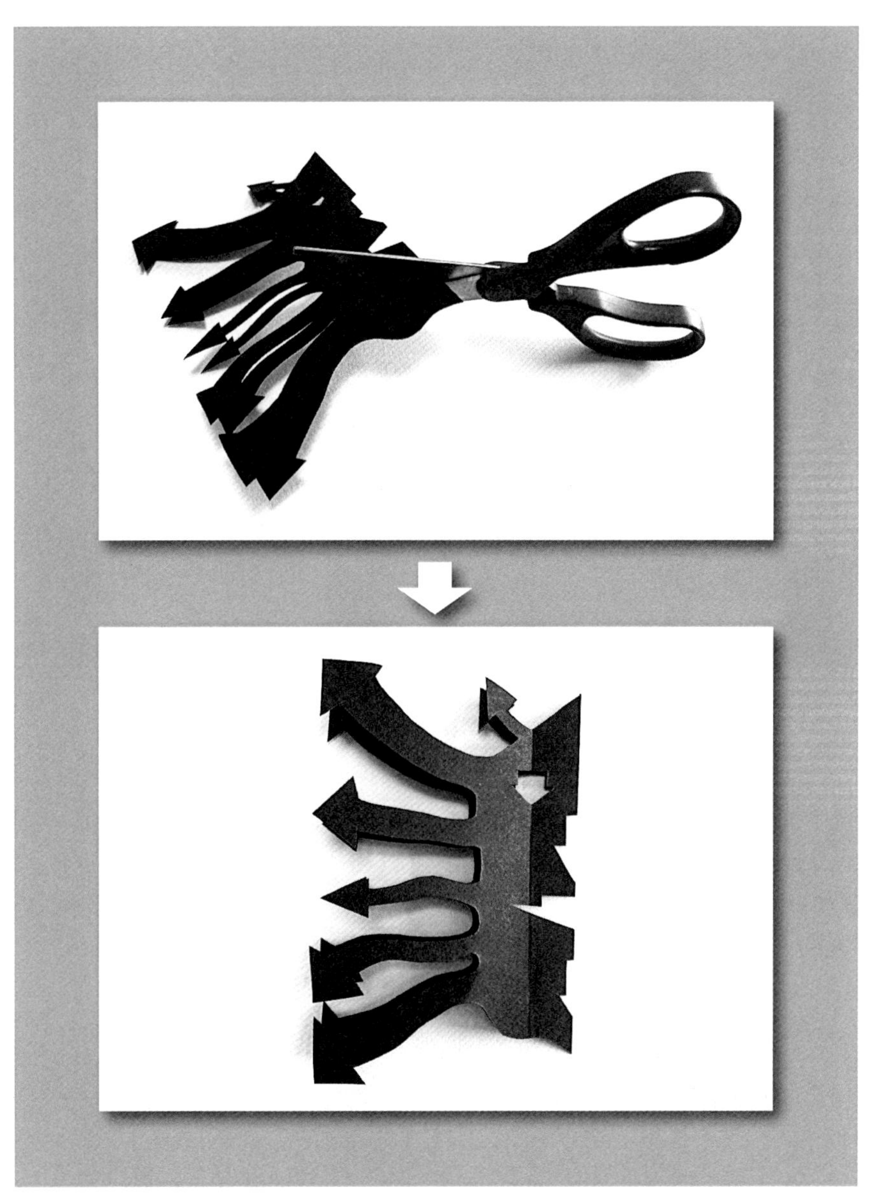

ここでは口の下の部分を切り取りました。

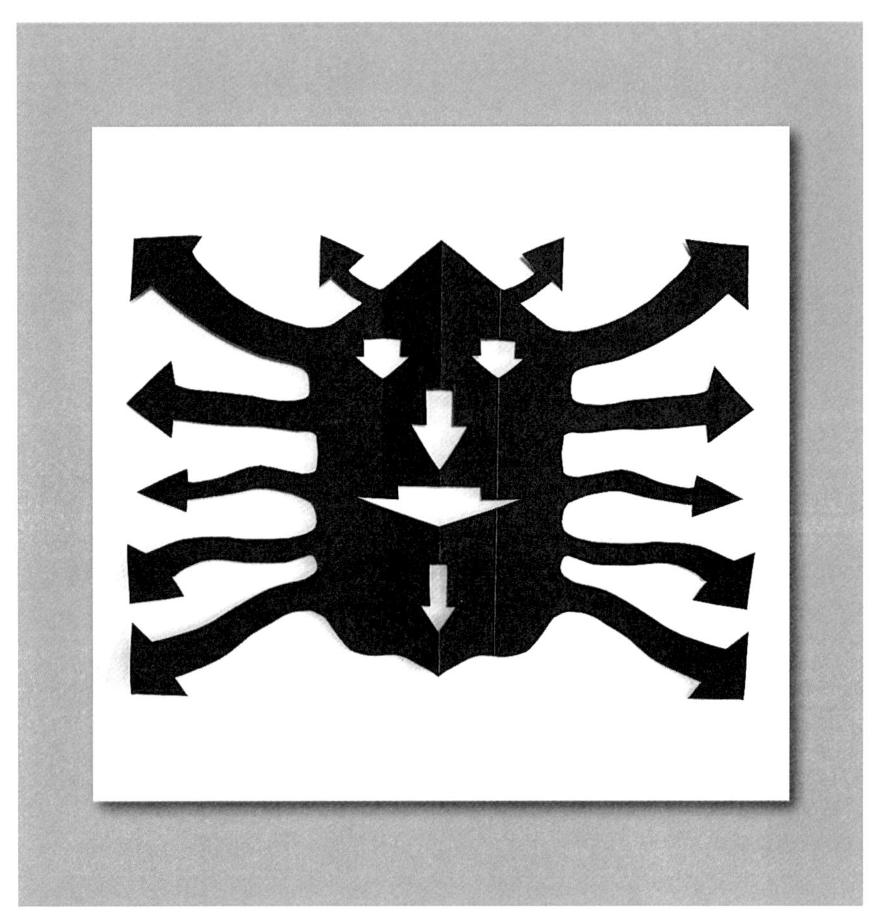

開きます。

じっと見ます。

次どうするかを考えます。

思い浮かんだときにはその形を切り取ります。思い浮かばないときには、とりあえず、一つの形を切り取ってみます。

ここでは、二枚目の黒い画用紙で部品をつくり（切り取って）、それを付け加えることにしました。

二枚目の黒い画用紙で部品をつくります（はさみで切り取ります）。

一枚目の黒い画用紙でつくった形と二枚目の黒い画用紙でつくった形を組み合わせます。組み合わせる部品はいろいろな場所に置いてみます。部品を置く場所によって全体の形を変えることができるからです。一番気に入った場所に部品を置きます。そしてのりで貼ります。

以下は、白い紙と白い紙を組み合わせた作品例です。

## ギャラリー

## ギャラリー

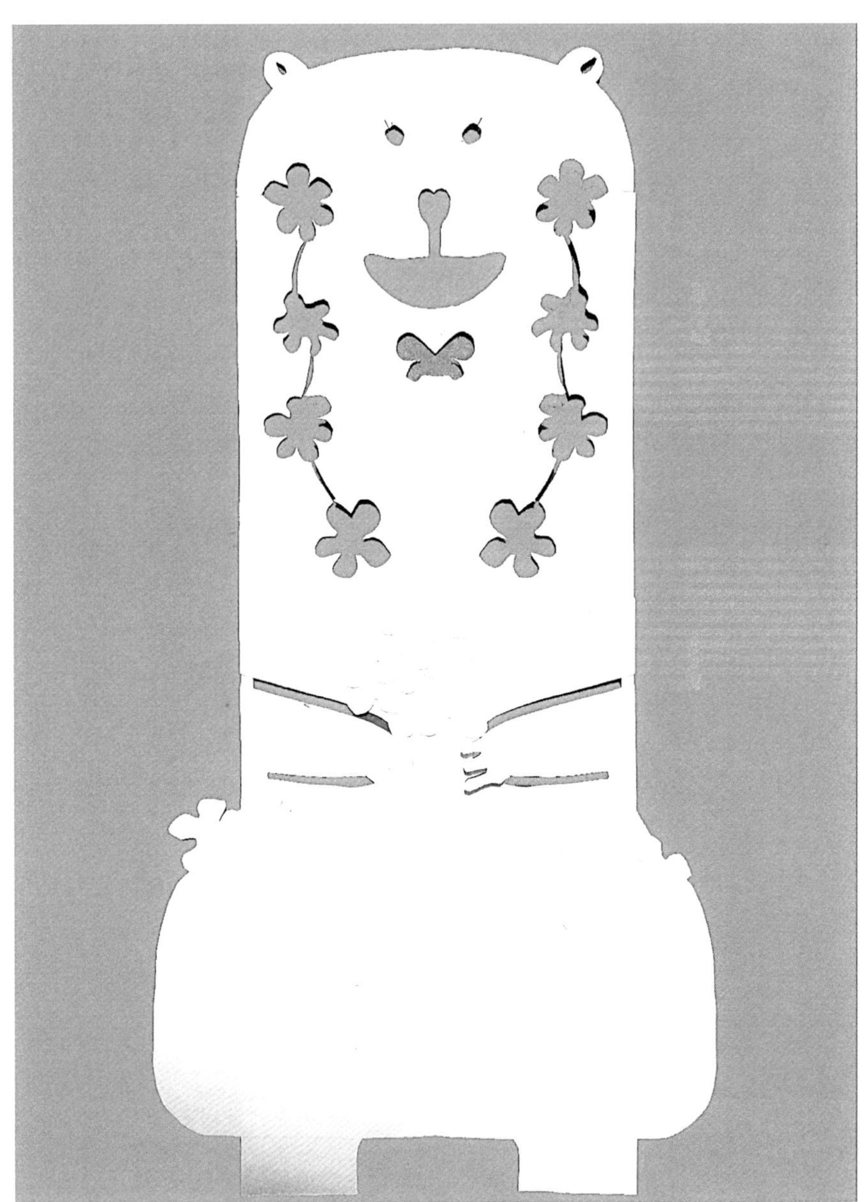

## ギャラリー

## ギャラリー

以下は、黒い紙と白い紙を組み合わせた作品例です。

＊はさみは使いません。
　手で紙をちぎってつくりました。

## ギャラリー

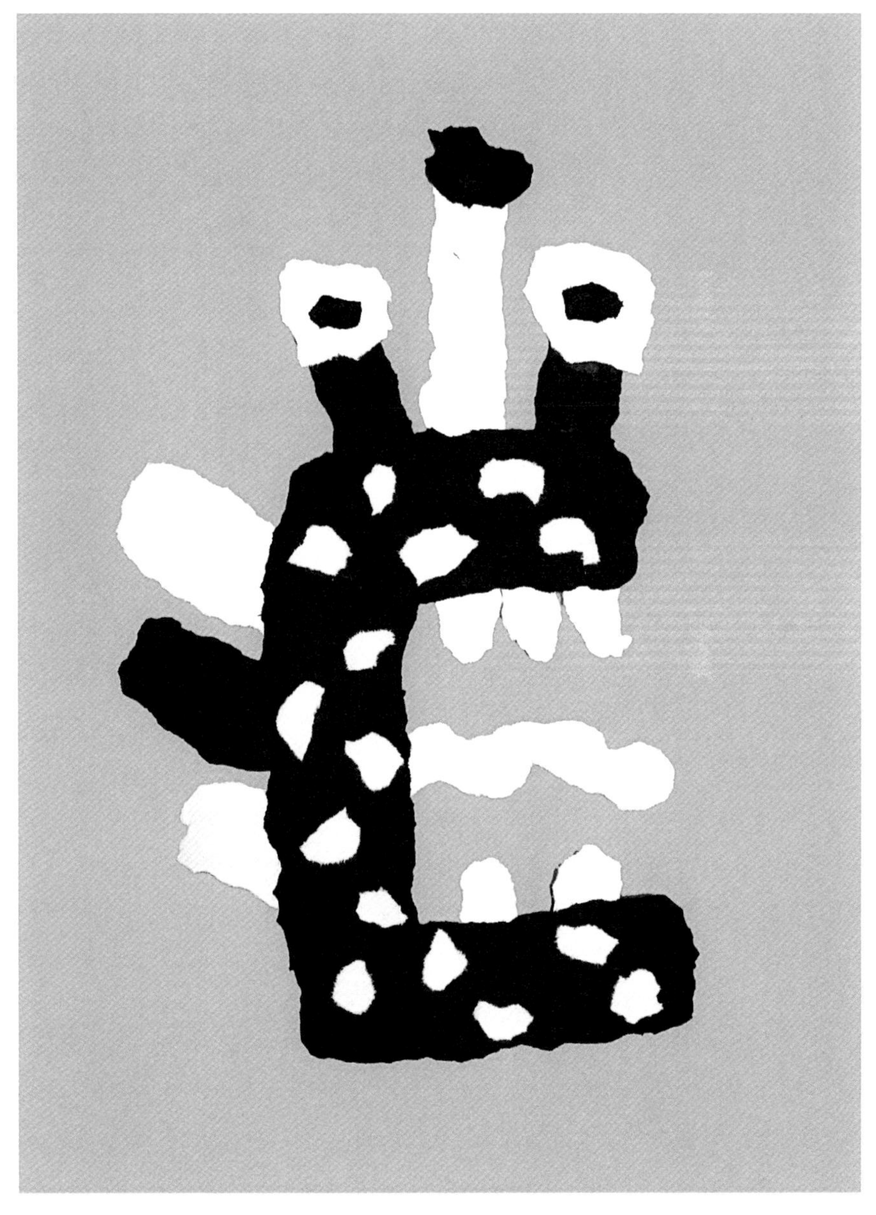

## ギャラリー

## ギャラリー

## ギャラリー

作品／北海道教育大学の学生の皆さん

# 4 オニの顔<br>（白黒以外の紙も加えて）

## 材料・用具

- A4 用紙
- 色画用紙
  15色程度：次のページに記載しました。
  大きさは八つ切りの 1/2 程度
- スティックのり

*はさみは使いません。
手で紙をちぎってつくります。

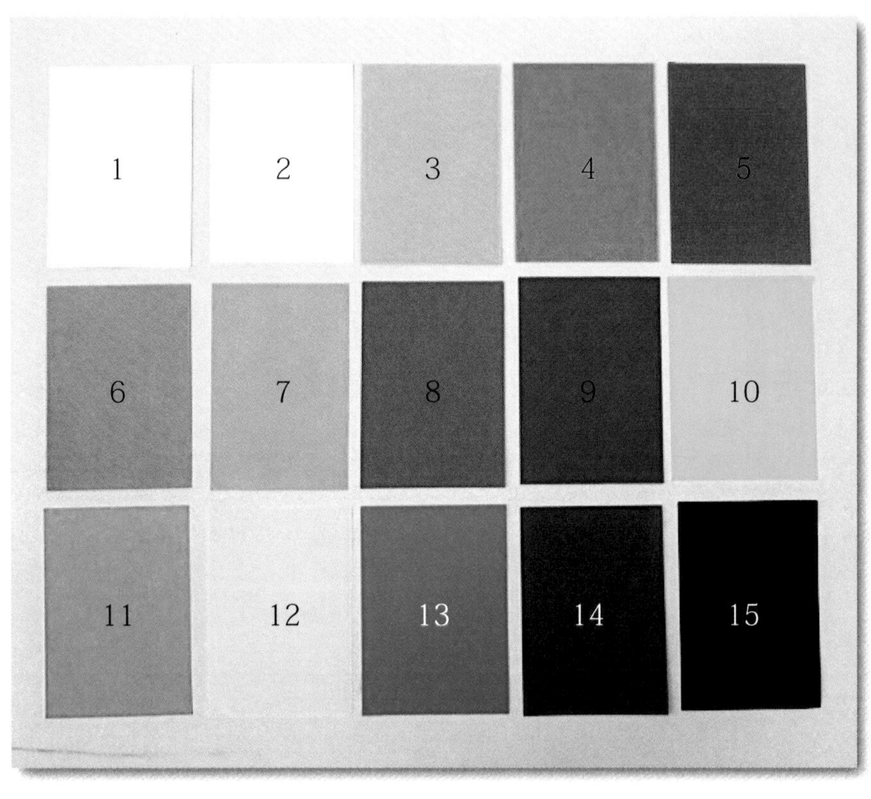


1　しろ　＊「ニューカラーR」（リンテック）における名称は「ゆき」

| | | | |
|---|---|---|---|
| 2 | レモン | 9 | こいこげちゃ |
| 3 | ももいろ | 10 | こいきみどり |
| 4 | だいだい | 11 | エメラルド |
| 5 | あか | 12 | みずいろ |
| 6 | あかむらさき | 13 | あお |
| 7 | くちばいろ | 14 | ぐんじょう |
| 8 | ちゃいろ | 15 | くろ |

上記の色画用紙を準備します。大きさは八つ切りの半分程度です。

参考作品の一つ目です。

参考作品の二つ目です。

参考作品の三つ目です。

参考作品の四つ目です。

A4 用紙を目の前に置いてください。

この A4 用紙で小さい紙を四枚つくります。

半分に折ります。指の機能を意図的に高めるために、はさみやカッターを使わずに手で折り目から二つに裂きます。そのためには、紙をしっかり折るようにします。

折り目から半分に裂きます。

A4 用紙の半分の大きさになりました。

それをまた半分に折ります。

そして折り目にそってさらに半分に裂きます。

小さい紙が四枚できました。この小さい紙でオニの顔の土台となる形をつくってみます。試しにつくってみるのです（小さい紙での試しづくり）。

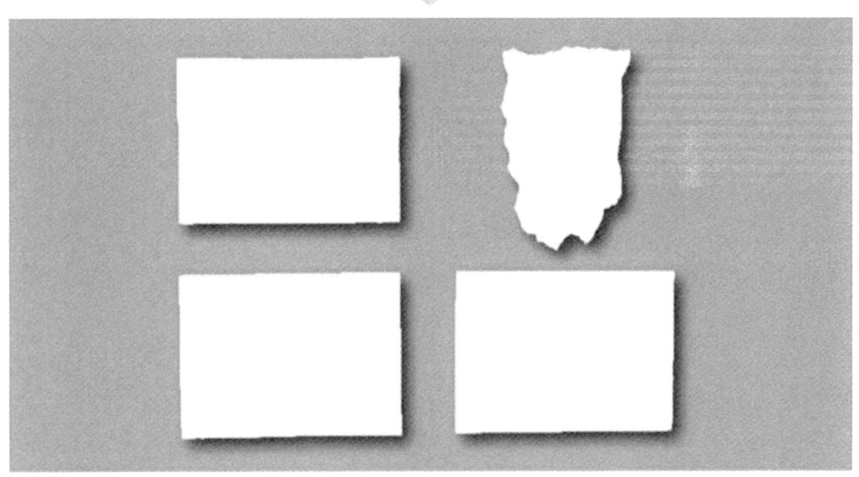

まず一つつくってみます。つくろうとする形が思い浮かんだときには手でちぎってその形をつくります。思い浮かばないときには、とりあえず、オニの顔の土台になるような形を手でちぎって目の前に置きます。そして じっと見て、次どうするかを考えます。

一つ目ができたら、二つ目をつくります。

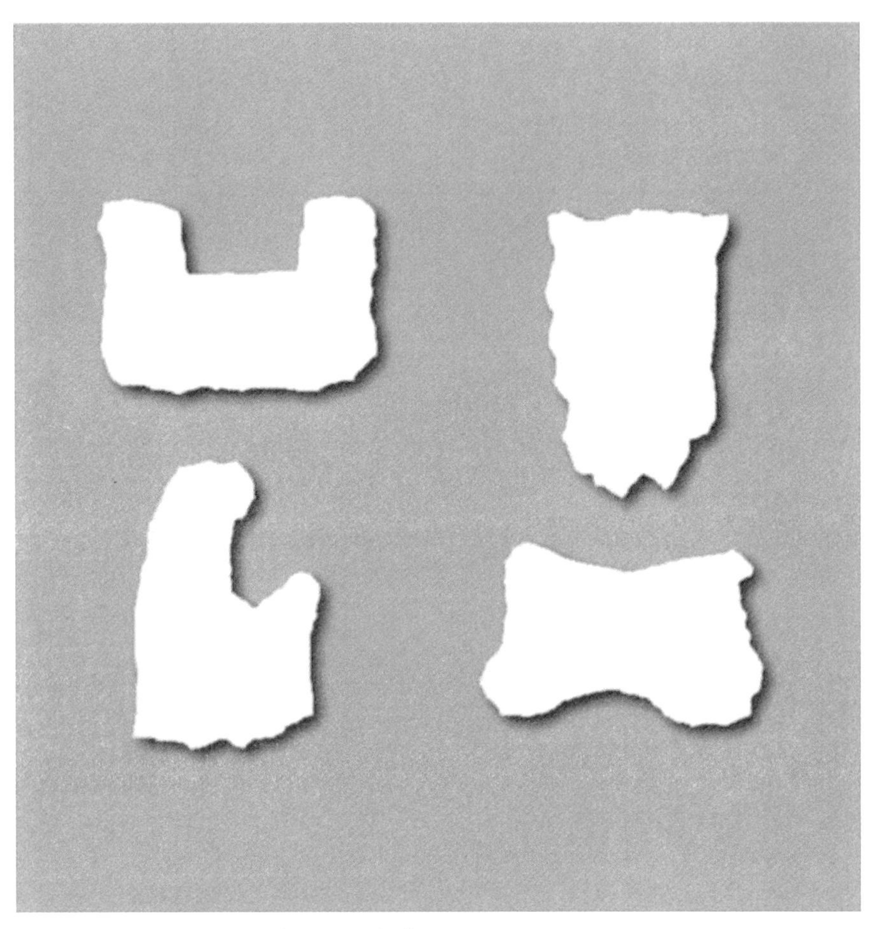

三つ目、四つ目とつくってみます。

目の前に四つ置いてみて、一番気に入った形を選びます。それぞれのよいところを組み合わせることもできます。

その形を基に色画用紙（本番）で本格的につくっていきます。

ちぎる技術の基本は、「少しずつ」、「ゆっくり」です。少しずつゆっくりちぎれば、形に変化をもたせることができます。

オニの顔の土台をつくるために、色画用紙の色を決めます。
ここでは赤い色画用紙を選びました。

本教材から、「原形」、「基本形」、「発展形」という言葉も使用します。
つくり始める前の色画用紙は「原形」になります。

小さな紙での試しづくり（試作）に基づいて、色画用紙をちぎります。

目の前に置きます。じっと見ます。

この形がいろいろなオニの顔を発想するためのおおもとの形になります。

この発想を広げるためのおおもとの形を「基本形」とします。

選んだ後で、オニの顔をつくる際の条件を確認します。どのような形になってもオニの顔に見えやすいように最低限つくる部品を事前に確認しておくのです。

本教材での最低限つくる部品は、「目、口、つの」とします。

じっと見て、つくろうとするものが思い浮かんだときにはそれをつくります。

思い浮かばないときには、条件の一つである目をつくります。まず目をつくるための色画用紙の色を決めます。すぐに色を決めることができない場合は、顔の土台となる赤い画用紙の上にいろいろな色の画用紙を置いてみます。そして一番気に入った色を選びます。ここでは白い画用紙を選びました。

この白い画用紙を目に見えるような形にちぎってオニの顔の土台（赤い色画用紙）の上に置きました。目の形が思い浮かばないときには、とりあえず目のような形をちぎって置いてみます。

そしてじっと見ます。

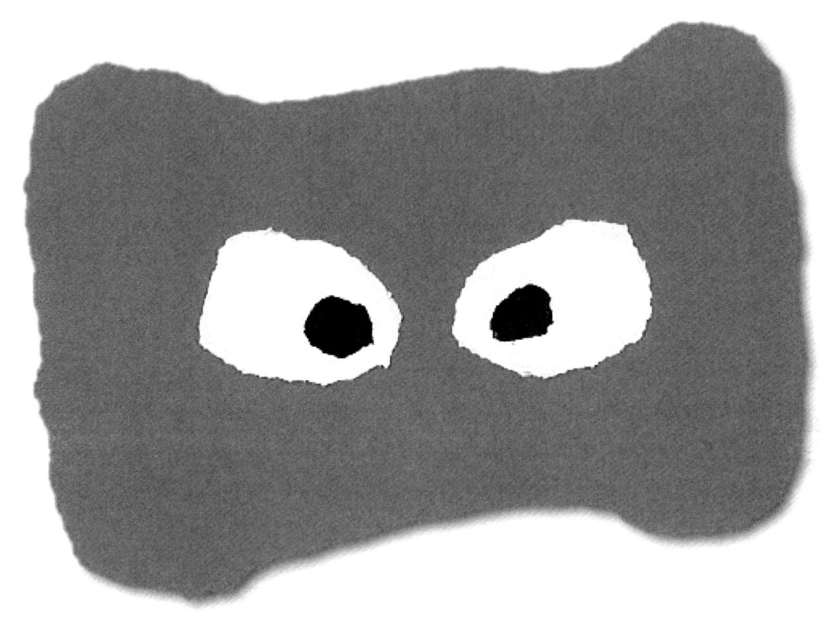

黒い部品を付け加えようと思いました。思い浮かんだときにはそれをつくります。つくってすぐに貼るのではなく、つくって置くようにします。貼らなければ、部品をいろいろな場所に動かして様々な表情をつくり出すことができるからです。つくってすぐに貼ってしまったのではそうした様々な可能性を限定してしまうことになります。

糊付けは、原則として、全体の部品の配置が決まってから行うようにします。ただし、細かい部分など、先に貼ってしまった方がつくりやすくなる場合もありますので、臨機応変に進めます。

じっと見ます。

つくろうとするものが思い浮かんだときにはそれをつくります。思い浮かばないときには、条件の二つ目である口をつくります。

考え方は同じです。思い浮かんだときには、「発想から形へ」という方向でつくります。思い浮かばないときには、逆に「（目の前にある）形から発想へ」という方向でつくります。

創造のプロセス全体を通して、困ったときには「発想から形へ、そして形から発想へ」という双方向共存の考え方を思い起こすようにします。

じっと見ます。

つくろうとするものが思い浮かんだときにはそれをつくります。思い浮かばないときには条件の三つ目であるつのをつくります。つのの色や形が思い浮かんだときには、それをつくります。思い浮かばないときには、とりあえず、つのに見えるような部品を一つつくって置いてみます。じっと見ます。配置はこれでいいか、足りないものは何か、次にどうすればいいのか。それらのことをじっと見て考えます。

つのの本数、色、形、大きさなどは自由です。

目の前にあるオニの顔をじっと見ます。
ここでは「耳をつくろう」という考えが浮かびました。
まず色画用紙の色を選び、次にちぎって耳をつくりました。
オニの顔の左右に置いてみました。
いろいろなところに動かしました。
そして一番いい場所に置きました。

じっと見ます。
さらに部品を付け加えます。

全体の部品の配置が決まってから、のりで部品を貼ります。
これで完成です。基本形から発展した形ですので、作品を発展形とも呼ぶこととします。

## ギャラリー

## ギャラリー

## ギャラリー

作品／北海道教育大学学生

# 5 ソックス人形（紙以外の材料も加えて）

## 材料・用具

- ソックス
  （100 円ショップなどで購入できます）
- A4 用紙
- 厚紙
- 色画用紙
  （大きさは八つ切りの 1/8 程度）
- 毛糸
- スティックのり
- 接着剤（ソックスや毛糸用）
- はさみ
- その他（モールなど）

四つの参考作品を次のページ以降に示しました。

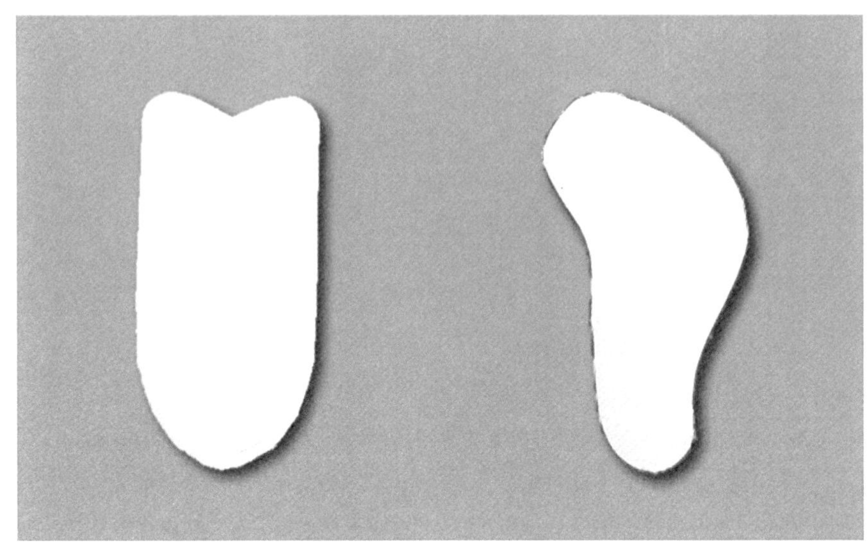

ソックスの中には厚紙が入っています。たとえば、上のような形の厚紙です。左右対称、左右非対称。どちらでも結構です。

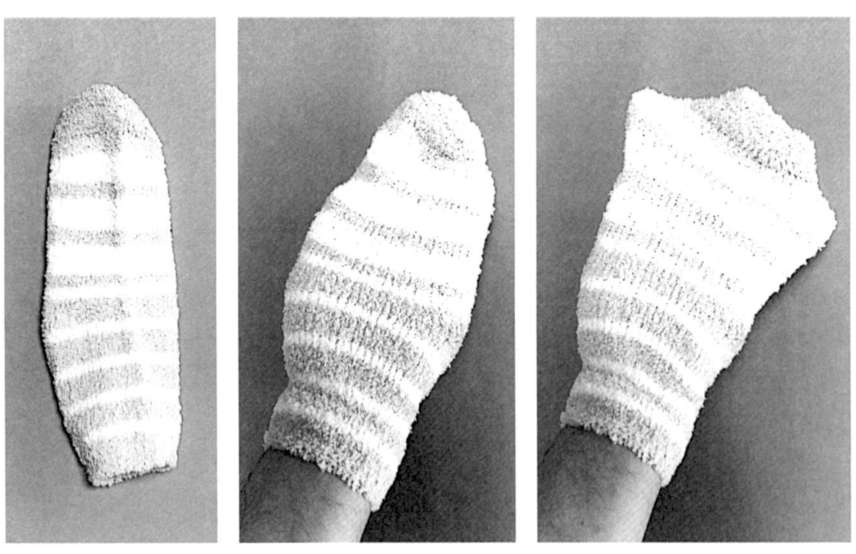

ソックスの中にどのような形の厚紙を入れるのか、ソックスに手を入れて動かしながら考えます。

目の前にA4用紙を置きます。

A4用紙は試しづくり用です。本番は厚紙でつくります。

ソックスの中に入れる厚紙の形が思い浮かんだときには、その形を切り取ります。思い浮かばないときには、とりあえず、一つの形をつくってみます。

その際、厚紙はソックスの中に入れた手よりやや大きめにつくります。

手順を次のページに示しました。

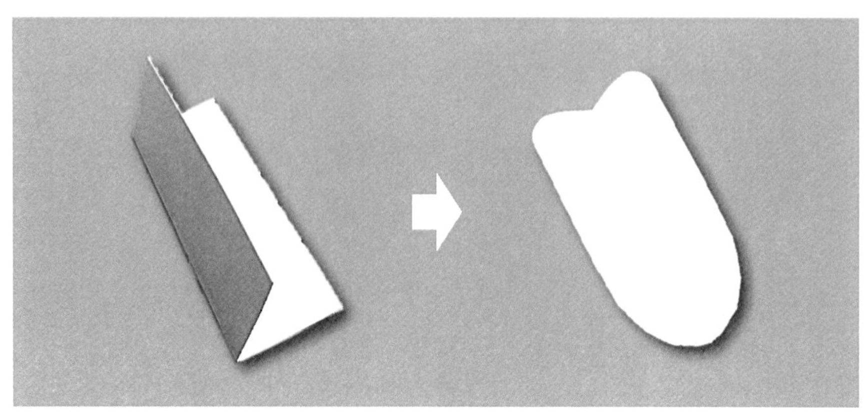

【左右対称の場合】

①A4用紙を折り重ねてからはさみで切ります。②複数つくってみて気に入った形を一つ選びます。③厚紙も半分に折ります。④半分に折った厚紙の上に気に入った形（A4用紙）を重ねます。⑤気に入った形（A4用紙）の輪郭を鉛筆などで厚紙に写します。⑥はさみで切り取ります。

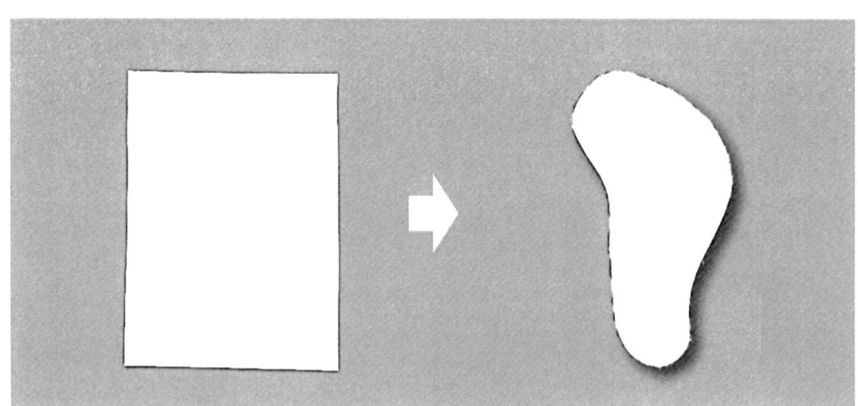

【左右非対称の場合】

①A4用紙を折らずに切り取ります。②複数つくってみて気に入った形を一つ選びます。③厚紙の上に気に入った形（A4用紙）をのせます。④気に入った形（A4用紙）の輪郭を厚紙に鉛筆などで写します。⑤はさみで切り取ります。

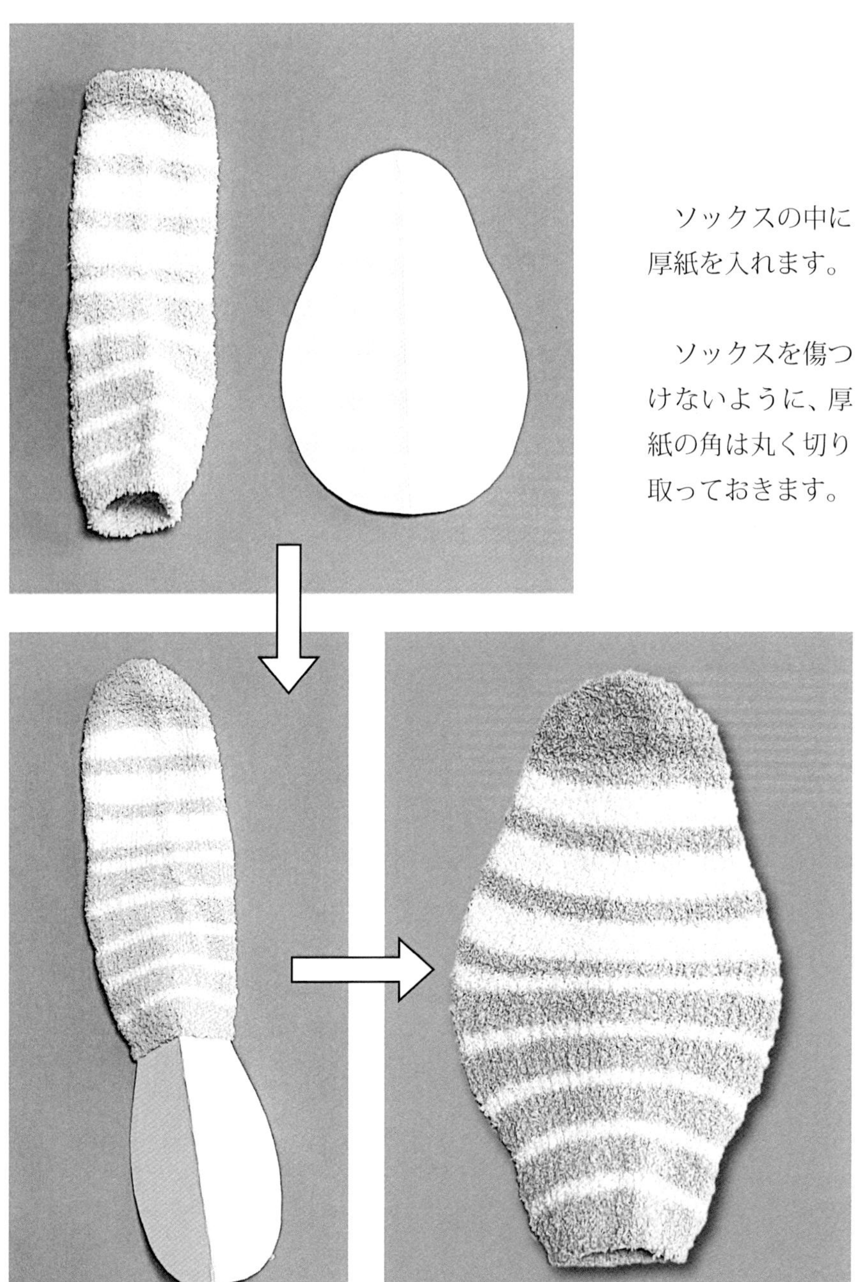

ソックスの中に厚紙を入れます。

ソックスを傷つけないように、厚紙の角は丸く切り取っておきます。

条件を確認します。

原則として、どのような形になっても顔に見えやすいように、目と口はつくることとします。

その他の部品は自由です。

【その他の部品の例】

○髪の毛

○鼻

○耳

○髭

○飾り

○手

○足

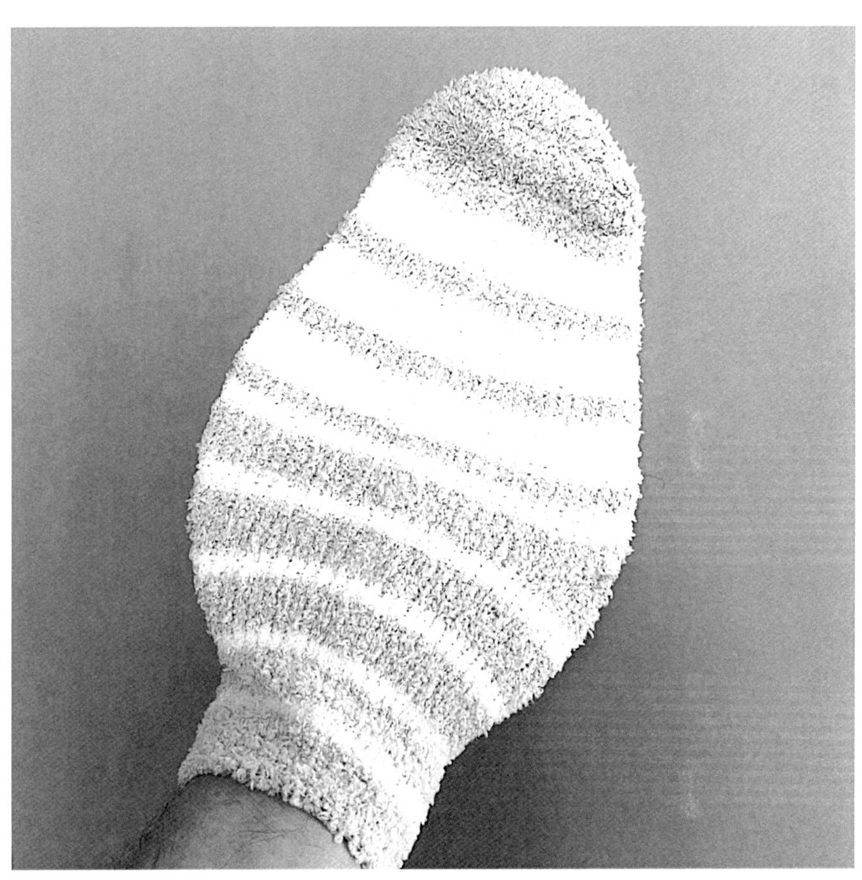

手を入れて動かします。
いろいろな方向からじっと見ます。
どんな部品を付け加えればいいのか、考えます。

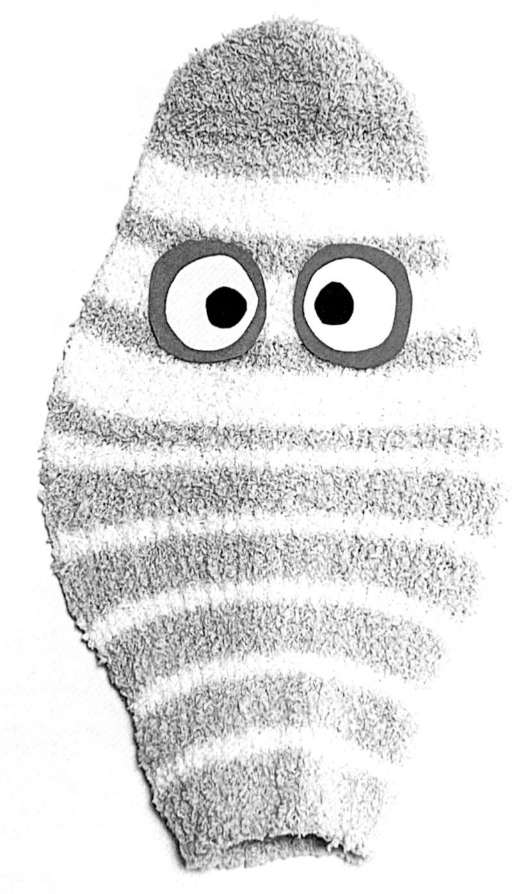

部品の形が思い浮かんだときには、それをつくります（色画用紙を切り取ってつくります。以下同じです）。思い浮かばないときには、条件の一つである目をつくります。

目の色や形が思い浮かんだときには、それをつくります。思い浮かばないときには、とりあえず、目をつくるための色画用紙を一枚選びます。そしてそれを目のような形に切り取ってソックスの上に置いてみます。

それをじっと見て、次にどうすればいいのかを考えます。

じっと見ます。必要な部品が思い浮かんだときには、それをつくってソックスの上に置きます。思い浮かばないときには、もう一つの条件である口をつくります。口の色や形が思い浮かんだときには、それをつくります。思い浮かばないときには、とりあえず、口に見えるような部品を一つつくってソックスの上に置きます。

じっと見て、次にどうするかを考えます。つくろうとするものが思い浮かんだときには「発想から形へ」という方向でつくります。思い浮かばないときには、「(目の前にある)形から発想へ」という方向でつくります。

この繰り返しによってつくろうとするものの形を明確にしていきます。

じっと見ます。
じっと見て考えることが大切です。
その他に必要な部品をつくります。

部品はいろいろな場所に動かしてみて、一番いい場所を決めます。
部品の配置を決めてから接着剤でソックスに取り付けます。

【作品の展示】中身の入ったペットボトルにかぶせれば、作品がいっそう引き立ちます。部屋の飾りとして置いておくこともできます。

【発展】ソックス人形は腹話術や人形劇などで活用することができます。

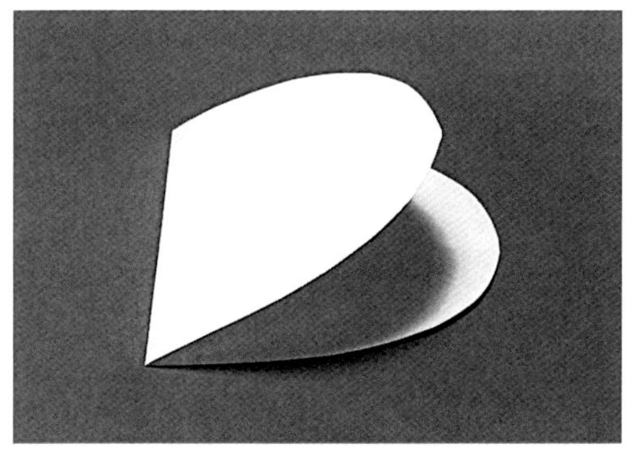

左の写真のように厚紙を切ることもできます。その作品例を次のページに掲載しました。

ソックス人形に関する作品／こども學舎の皆さん（北海道札幌市）

ギャラリー

# 6 一本の糸で動く紙人形（色や形とともに動きも発想のヒントに）

## 材料・用具

- A4 用紙（顔の試作用、1/4 にする）
- 色画用紙（大きさは八つ切りの 1/8 程度）
- たこ糸
- 毛糸（手と足などに使用する）
- カーテンリング
  （つっぱり棒用。直径 3cm 程度。
  100 円ショップなどで購入できます）
- はさみ
- スティックのり（色画用紙用）
- 接着剤（毛糸やモール用）
- セロハンテープ
- その他
  （モールなど。手や足などに使用する）

人間、動物、ロボット、モンスター、おばけ、新種の生き物、空想上の生き物など、様々な動く紙人形をつくることができます。

四つの参考作品を示します。

上は参考作品の一つ目です。

【遊び方】たこ糸の両端を「横方向」に引いたり緩めたりすることによって、手や足などが動きます。

二つ目の参考作品です。

手はモールでつくりました。足は毛糸を活用しました。毛糸を使用すると動きが大きくなります。

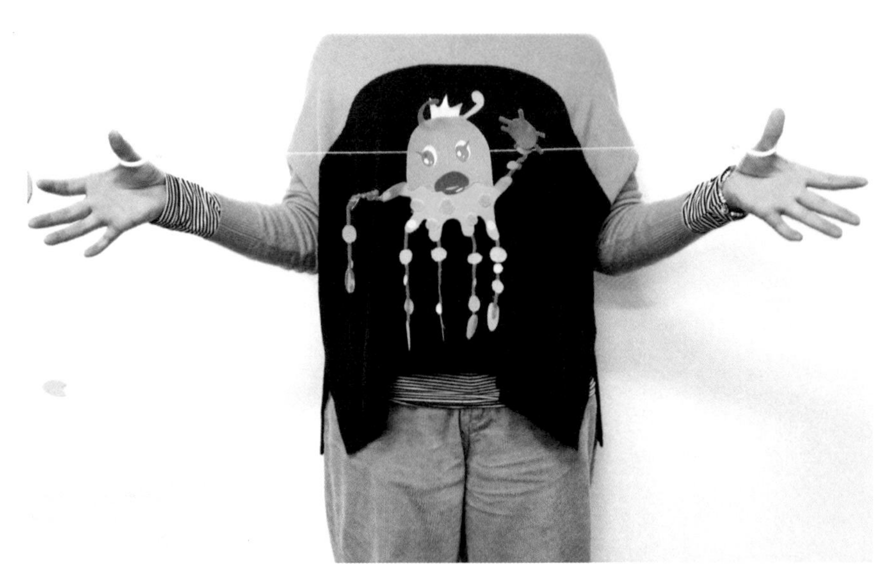

三つ目の参考作品です。
手はモールと毛糸でつくりました。
足は毛糸でつくりました。

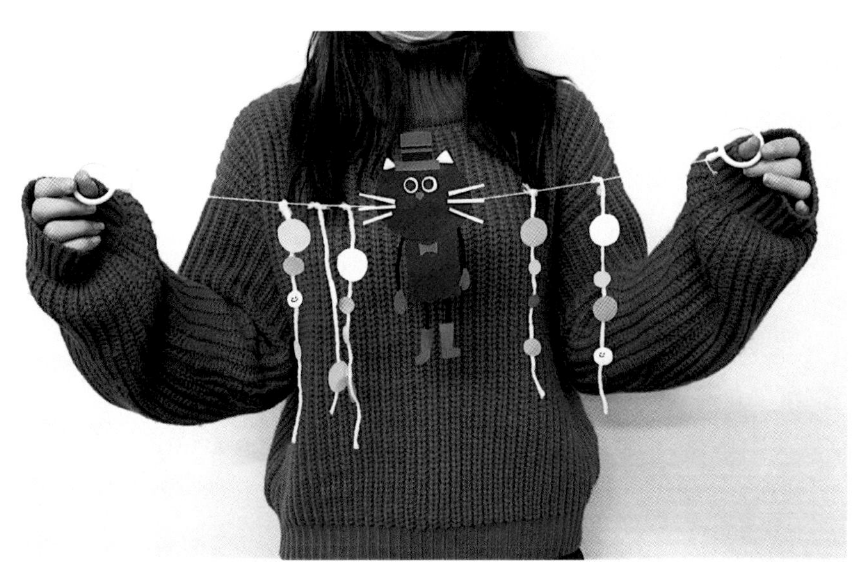

四つ目の参考作品です。

たこ糸にも飾り（色画用紙と毛糸）を取り付けました。

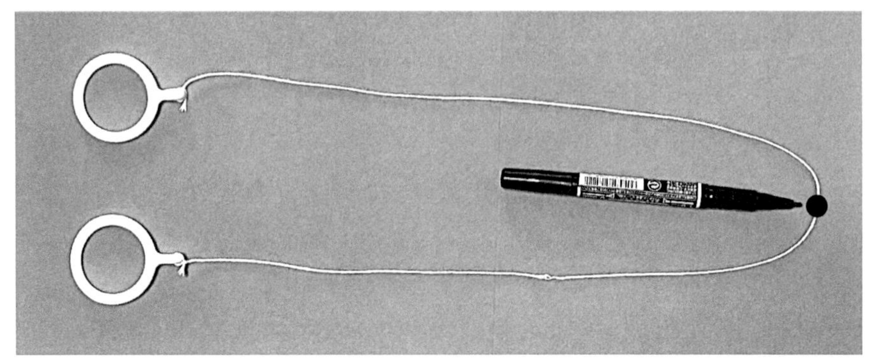

①たこ糸を 70cm 程度に切ります（肩幅よりやや長めに）。②タコ糸の両端にリングを取り付けます。③たこ糸の中央部分に印をつけます。

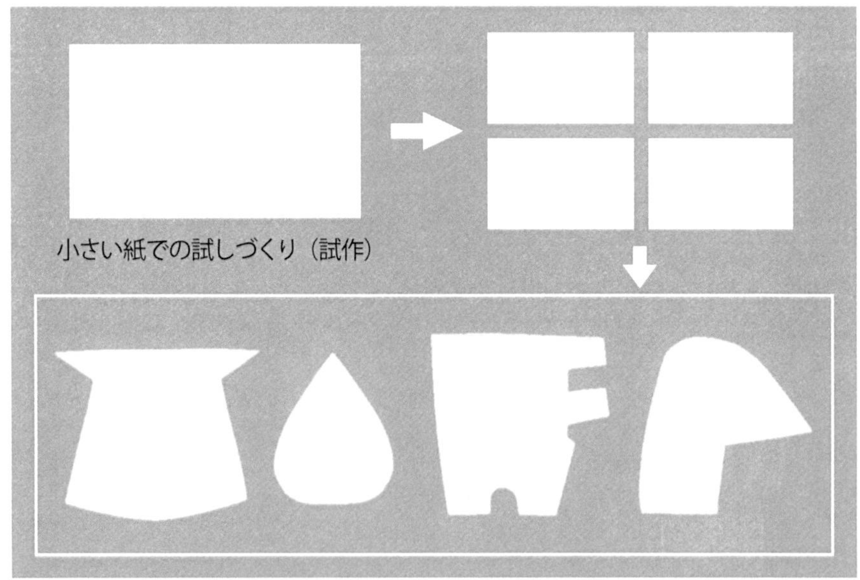


① A4 用紙を 1/4 にします。② 1/4 となった小さな紙で顔の形を試作します。（はさみで顔の輪郭を切り取ります）。③四つつくってみて一番気に入った形を選びます。

■顔の形が思い浮かんだときにはそれをつくります。思い浮かばないときには、とりあえず、顔のような形を切り取ってみます。そしてその形を見て次どうするかを考えます。

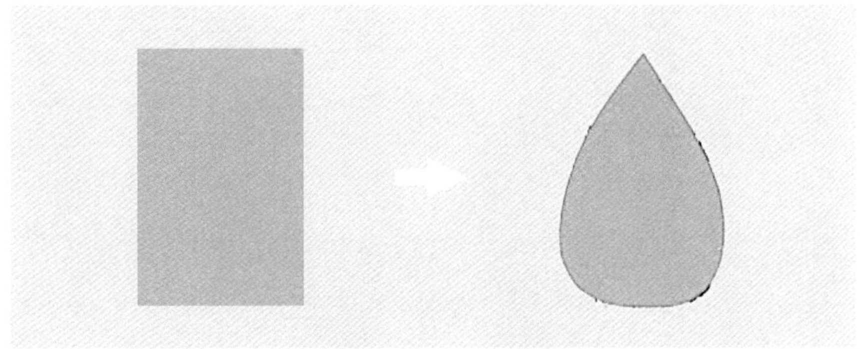

いよいよ本番です。まず顔をつくるための色画用紙を選びます。

次に試しづくり（試作）に基づいて、顔の土台となる形（基本形）をつくります。目と口は最低限つくるという条件を確認します。

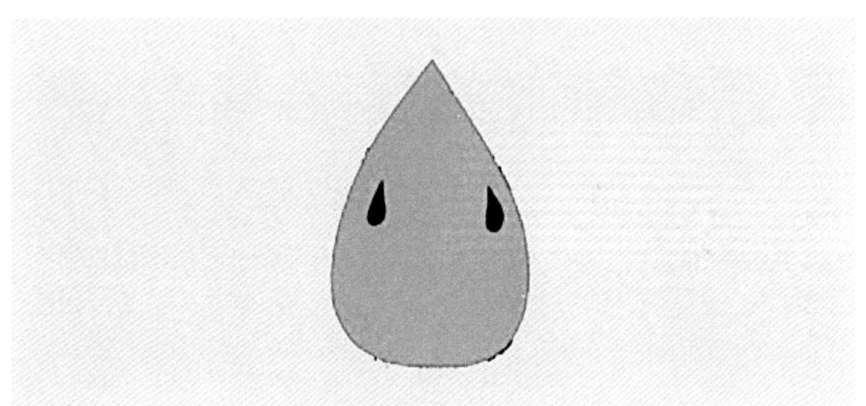

目の前に顔の土台となる形を置きます。

じっと見ます。つくろうとする部品が思い浮かんだときにはそれをつくります。思い浮かばないときには条件の一つである目をつくります。

目をつくるための色画用紙を選びます。はさみで切り取ります。その際、丸い目、尖った目など、目の形が思い浮かんだときにはそれをつくります。

思い浮かばないときには、とりあえず、目のような形に切り取って顔の土台となる形の上に置いてみます。

そして目の前の形をじっと見て次に何が必要かを考えます。

じっと見て、つくろうとするものが思い浮かんだときにはそれをつくります。思い浮かばないときにはもう一つの条件である口をつくります。

口の形が思い浮かんだときにはそれをつくります。

思い浮かばないときには、先ほどの目と同じように、とりあえず口のような形を切って顔の土台となる形の上に置きます。じっと見て、次どうするかを考えます。じっと見ることが大切です。

じっと見ていると、ここでは鼻が思い浮かびました。

鼻をつくって顔の土台となる形の上に置きました。

またじっと見ます。

じっと見ていると眉毛が思い浮かびました。

思い浮かんだときには、「発想から形へ」という方向でつくります。思い浮かばないときには「形から発想へ」という方向でつくります。

発想から形へ、そして形から発想へ。

本書での創造モデルはこうした双方向共存の考え方を大切にしています。

顔ができた後は、顔以外のものへ進んでいきます。

上の作品では、腕の部分をモールでつくりました。毛糸であれば動きが大きくなります。モールの場合は動きが少なくなりますが、腕を曲げたままにしたり上げたままにしたりすることが可能になります。

足は毛糸でつくりました。
たこ糸を横に引いたり緩めたりすると動きます。

じっと見ていると、傘も思い浮かびました。

作品(第６章)／厚生労働大臣指定保育士養成施設こども學舎の皆さん(北海道札幌市)
免許更新講習参加の皆さん(北海道札幌市)

たこ糸の中央部を紙人形の裏側にセロハンテープで取り付けます。上から約 1/3 程度のところに取り付けます。

横方向にたこ糸の両端を引いたり緩めたりすることによって紙人形が動きます。

## ギャラリー

動きに合わせてお話をすることもできます。人形劇にも活用することができるでしょう。また、音楽に合わせて動かすこともできます。

## ギャラリー

投げ縄もつくりました。

たこ糸を横方向に引いたり緩めたりしたときの動きから発想した事例です。

## ギャラリー

たこ糸に音符が取り付けられています。歌声が聞こえてくるようです。

たこ糸を横方向に引いたり緩めたりするとハートも動きます。

## ギャラリー

手や足は長めの毛糸でつくりました。大きく動くので迫力があります。

# 7 創造モデルの背景にある考え方

本書では、「つくろうとするものが思い浮かんだときにはもちろん大丈夫、そして思い浮かばないときでも大丈夫」といえるような創造モデルとその創造モデルに基づく五つの具体的な教材を提起しました。では創造モデルの背景にはどのような考え方があるのでしょうか。「何を大切に考えて子供の前に立つのか」という教育の根本的な問いを踏まえて述べたいと思います。

創造モデルの背景にある考え方は何か、何を大切に考えて子供の前に立つのか。それらの問いに同時に答えるとすれば、「生命を基本とする教育」と答えることができます。生命を基本とする教育とは、生命に及ぼす影響に配慮して、よりよい生活環境を創造する人間の育成を意味しています。

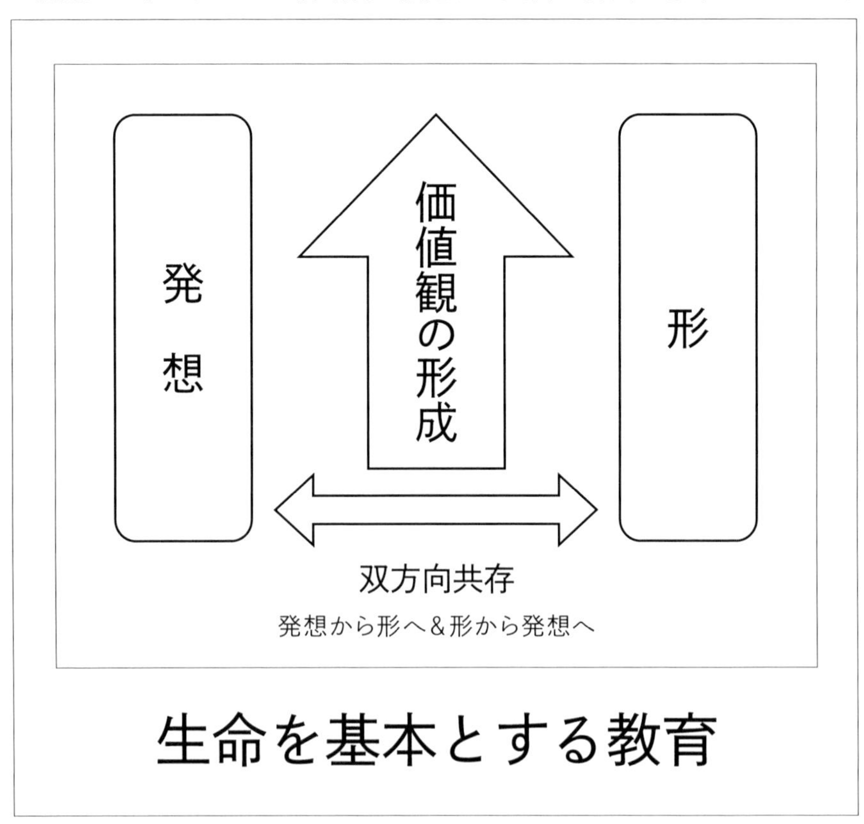


創造モデルの背景にある考え方「生命を基本とする教育」

生活環境の環境とは自然環境と人為的環境を指します。地球規模の生態系の問題や原発事故を含む様々な事件・事故を踏まえました。

それでは生命を基本とする教育を具現化するためには、どのようなものづくりを目指す必要があるでしょうか。端的に言えば、自然と対立するものづくりではなく自然と馴染むものづくりを目指すということでしょう。なぜなら人間は自然の一員であり自然に支えられてこそ生きることができるからです。そのようなものづくりの過程は下記の問いに正対する能動的・身体的対話のプロセスともいうことができます。

自然に逆らっていないか
自然に無理をかけていないか
自然の理にかなっているか

上記の考え方を踏まえて、本書では有り余るほどの材料でつくる教材ではなく、少ない材料で多様な発想を生み出す教材を提案しました。自然に負担をかけないように大量の材料でつくるのではなく必要とする分だけの材料でつくることを重視したのです。材料は自然の恵み・自然の生命と考えました。たくさんの材料がなければ豊かな発想は生まれないと考えるのではなく、限りある材料で無限の可能性を生み出すことを大切に考えたのです。「つくろうとするものが思い浮かばない、どうすればいいのか」という問いに答える創造モデルは、材料の側から見れば、その可能性を最大限に引き出す創造モデルともいえるでしょう。

子供たちが材料との能動的な身体的対話を通して、自らの実感に基づきながら自然と人間とのかかわり方を学ぶ意味はきわめて大きいと思います。自分の言葉に責任をもつ基盤となるからです。

# おわりに

本書の書名『紙による造形』は、ドイツ・カッセル工芸大学教授：エルンスト・レットガー（Ernst Röttger、1899-1968）の著書『木による造形』（翻訳者：宮脇 理、武藤重典）に基づきました。

レットガーの『木による造形』は、自然と対立してつくるのではなく自然との調和を大切にしてつくることを目指しているからです。本書『紙による造形』もそうした自然と人間との関係を重視しました。翻訳者である宮脇 理先生（Independent Scholar / 元・筑波大学大学院教授）は、レットガーの『木による造形』について具体的な事例を示して以下のように述べています。

天然の木材を鉋（カンナ）にて削る際、ナライ目なら鉋の刃は抵抗なく木材を削ることができますが、逆目の場合は、そう簡単には切削ができません。レッドガーは、この事態を（自然が復讐する）と云い放っています。実に明快です。將に端的な例であり、したがって（逆目を切削する場合は裏刃【ウラバ】をセットして対応する）のですが、それは自然のありようへの僅かな対処方法に過ぎないと思うのです。

＊宮脇 理・佐藤昌彦・徐 英杰・若林矢寿子『中国 100 均（100 円ショップ）の里・義烏と古都・洛陽を訪ねて』（学術研究出版、2020、p.189）より

木材を鉋で削る事例は「7. 創造モデルの背景にある考え方」で示した「自然に逆らっていないか、自然に無理をかけていないか、自然の理にかなっているか」という問いの内容を具体的に表しています。

これまでに提案してきた教材は本書の五つの教材以外にもたくさんあります。本書に続く次の書籍にもそれらの中から厳選した教材を掲載したいと思います。

# 【謝辞】

新刊書『紙による造形―つくろうとするものが思い浮かばない、どうすればいいのか―』の執筆にあたりまして、厚生労働大臣指定保育士養成施設こども學舎（北海道札幌市）の皆様、全国の小学校の教員の皆様、関係者の皆様にたいへんお世話になりました。特に下記の皆様には様々な視点から貴重なご教示やご協力をいただきました。出版にあたりましては、学術研究出版（小野高速印刷）の湯川勝史郎氏と瀬川幹人氏に多大なご配慮をいただきました。

お世話になった多くの皆様に心から御礼申し上げます。

河村　泰孝　　唐川　香　　西條　祐介　　大沼　靖治
佐々木智穂　　中川　康範　　伊藤夕希子　　成瀬　聡
吉岡　繁　　廣川　徹　　吉川　和江　　大谷　和明
青木　勝美　　佐藤　真史　　安野　信人　　角銅　隆
土井　浩敬　　大久保奈保子　　川井　裕香　　菊地　耕也
片倉　信儀　　川名　秀一　　末永　賢行　　狩野　隆信
手代　範子　　直江　一平　　渡辺久美子　　平間　晃
手代　翼　　三塚　隆洋　　石倉　幸子　　井上　浩
大和田まゆ美　　金井有紀子　　杵淵　真　　白石千加子
橋本　貴代　　根岸　文夫　　持田　知道

＊順不同、敬称略

最後に、本書を手に取ってくださった皆様に厚く御礼を申し上げます。ありがとうございます。

2021（令和3）年3月吉日

佐藤　昌彦

【著 者】
佐藤 昌彦（さとう まさひこ）

○1955（昭和 30）年 福島県生まれ
○北海道教育大学名誉教授
○福島学院大学教授
○福島大学非常勤講師
○博士（学校教育学）〈兵庫教育大学大学院連合学校教育学研究科、2016 年〉

〈主な著書・訳書〉

- 宮脇 理（監修・資料提供）、佐藤昌彦（編集）、川邉耕一（表紙絵・章扉絵）『復刻集成 宮脇 理（みやわき おさむ）の世界 ミライへの造形教育思考 ―アーキビストの目線（めせん）で視（み）る―』学術研究出版、2022
- 宮脇 理（企画・監修）、畑山未央・佐藤昌彦（編集）、山木朝彦（特別 企画・監修）『民具・民芸からデザインの未来まで―教育の視点から』学術研究出版、2020
- 佐藤昌彦『次世代ものづくり教育研究―日本人は責任の問題をどう解決するのか―』学術研究出版、2020（新装版）
- 宮脇 理・佐藤昌彦・徐 英杰・若林矢寿子『中国100均（100円ショップ）の里・義烏と古都・洛陽を訪ねて』学術研究出版、2019
- 佐藤昌彦（著・抄訳）、宮脇 理（解説）『ものづくり教育再考―戦後（1945年以降）ものづくり教育の点描とチャールズ・A・ベネット著作の抄訳―』学術研究出版、2018
- 山口喜雄・佐藤昌彦・奥村高明（編著）『小学校図画工作科教育法』建帛社、2018
- 宮脇 理（監修）、佐藤昌彦・山木朝彦・伊藤文彦・直江俊雄（編著）『アートエデュケーション思考 ― Dr.宮脇 理88歳と併走する論考・エッセイ集 ―』学術研究出版、2016

〈併任〉

- 北海道教育大学附属札幌中学校・校長（2012 年 4 月－2016 年 3 月）

紙による造形
―つくろうとするものが思い浮かばない、どうすればいいのか―

2021年 3 月12日 初版第 1 刷発行
2023年 4 月 1 日 初版第 2 刷発行

著 者 佐藤 昌彦
発行所 学術研究出版
〒670-0933 姫路市平野町62
TEL.079 (222) 5372 FAX.079 (244) 1482
https://arpub.jp
印刷所 小野高速印刷株式会社

ISBN978-4-910415-32-1

乱丁本・落丁本は送料小社負担でお取り換えいたします。